細編み パターンワークブック

小鳥山いん子

日本文芸社

CONTENTS
細編みパターンワークブック

4　message

5　*Part 1*
細編みのメソッド

6　かぎ針編みを始める前の準備
7　本書で紹介する細編み17パターン
8　STEP1 》 くさり編みの作り目
9　STEP2 》 細編みの編み方
13　STEP3 》 アレンジ細編み
24　STEP4 》 輪編み
34　STEP5 》 ぐるぐる編み

41　*Part 2*
細編みのアイデア［フォルム］

42　|長方形| ざっくり編みのマフラー　作り方▶P.84
44　|長方形| ブロック状に組むクッションカバー　作り方▶P.86
46　|正方形| よね編みのひざかけ　作り方▶P.90
48　|正方形| 正方形から作るグラニーバッグ　作り方▶P.93
50　|丸　型| 持ち手付きバスケット　作り方▶P.84
52　|丸　型| 麦わら風ハット　作り方▶P.91
54　|楕　円| 舟形トートバッグ　作り方▶P.88
55　|楕　円| マチ付きペンケース　作り方▶P.92
56　|円　柱| メビウス風スヌード　作り方▶P.100
58　|円　柱| 猫耳ニット帽子　作り方▶P.94
60　|六角形| モチーフ3枚をつなげるスマホショルダー　作り方▶P.96
62　|六角形| 蓋付きおうち型小物入れ　作り方▶P.98

63 *Part 3*
細編みのアイデア［ステッチ］

64　シェブロン柄のネックウォーマー　作り方▶P.101

66　ビルムバッグ　作り方▶P.102

68　裏引き上げ編みのマフラー　作り方▶P.104

70　ネコのあみぐるみ　作り方▶P.112

71　エスニック風ルームシューズ　作り方▶P.121

72　ふわふわリングのマーガレットボレロ　作り方▶P.106

74　三角モチーフのバッグ　作り方▶P.108

76　花モチーフの三角ショール　作り方▶P.110

78　ビーズのがま口ポーチ　作り方▶P.115

79　インコ柄の編み込みバッグ　作り方▶P.122

80　編み付けショルダーバッグ　作り方▶P.118

82　包み編みのミニマット　作り方▶P.124

83 *Part 4*
HOW TO MAKE

126　編み目記号表

●印刷物のため、現物と色が異なる場合があります。
●糸や道具、材料などの表記内容は、2023年10月現在のものです。

はじめまして。小鳥山いん子です。
今回この本を作るにあたり、
改めて『細編み』って？と考えてみました。

小さな四角が集まって直線、曲線、三角形に円、立体や球体を作り、
毛糸の温かな柔らかさとは裏腹に無機質な幾何学模様さえ
生み出すこともできる。毛糸の素材や豊富な色味が加われば、
表現の幅は無限に広がっていく――。

思えば昔から私は、シンプルな編み方の細編みが生み出す模様や形が
大好きでした。細編みは初心者向きであり、同時に上級者向きでもあります。
簡単なのに奥が深い、それが導き出した答えです。

きっと最初は、基本の細編みでも手に力が入ってカチカチに
なってしまったり、気づかないうちに数目を飛ばして穴ぼこに
なってしまったり、正方形を作りたいのにどんどん台形になっていったり……。
そんなことがあるかもしれません。

でも大丈夫。私もしっかり通った道。
肩の力を抜いてリラックスして、リズミカルに淡々と編めばいいんです。
失敗したらスルスルほどいてやり直せばいいんです。
慣れてくればインコもお花もフルーツも、
細編みだけで作れるようになりますよ。

『細編み』というたった一つの編み方で、
ものづくりの楽しさを共有できたら幸いです。

小鳥山いん子

Part 1

細編みのメソッド

かぎ針編みの基本であり、
最初に覚える定番の編み方が『細編み』。
この細編みの編み方を覚えてしまえば、
何通りもの編み方をマスターしたも同然。
基本の細編みから、細編みをベースにした
アレンジ編みまで全17パターンを紹介します。

かぎ針編みを始める前の準備

かぎ針編みは多くの道具を必要とせず、手軽に始められるのが魅力。
最初に揃えておきたいもの、知っておきたいことを紹介します。

必要な用具

[かぎ針]
2/0〜10/0号まで。10号以降は
7〜15mmのジャンボ針になり
ます。必要なサイズは、糸のラベ
ルをチェックしましょう。

[糸]
色、太さ、素材など
さまざま。編みた
いものに合わせて
選びます。

[段数マーカー]
編み目の目印として、
また位置を示す際に
も便利です。

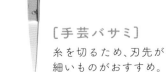

[手芸バサミ]
糸を切るため、刃先が
細いものがおすすめ。

[毛糸とじ針]
糸端の始末や編み地をとじ
合わせるときに使います。

糸の持ち方

1 左手の薬指と小指の間から
糸を出し、中指と人差し指
の間から手の甲側に出す。

2 糸端をそのまま
人差し指の上にかける。

3 糸端を中指と親指ではさむ。
かぎ針は右手で持つ
（P.8参照）。

本書で紹介する細編み 17 パターン

基本の細編みをベースに、往復編み、輪編み、ぐるぐる編みに分け、
次ページからそれぞれの編み方を紹介しています。

●往復編み　右から左へ編み、端まで編んだら編み地を返して繰り返します。

1 **基本の細編み**
頭くさり2本を拾って編む
基本の編み方。▶ P.9

2 **細編みのうね編み**
前段の向こう側半目を拾う
細編みの往復編み。▶ P.13

3 **細編みのすじ編み**
表は前段の向こう側半目、
裏は前段の手前側半目を拾う
細編み。▶ P.15

4 **リング細編み**
裏側にリング状のループが
できる細編み。▶ P.16

5 **細編みの表引き上げ編み**
表側から前段の細編みの足を
拾う細編み。▶ P.18

6 **細編みの裏引き上げ編み**
裏側から前段の細編みの足を
拾う細編み。▶ P.20

7 **大きい細編み**
前段を編みくるみ前々段の
細編みの頭を拾う細編み。
▶ P.21

8 **指示位置に編む細編み**
指示された位置に編む細編み。
その間の段の目は全て編みく
るむ（大きい細編みで表示さ
れることもある）。▶ P.23

●輪編み　くさり編みの作り目を輪にして、左回りに円柱に編みます。

9 **基本の細編み**
頭くさり2本を拾って輪に
して編む。編み地の模様が
表面だけに出る。▶ P.24

10 **メリヤス細編み**
細編みの足の間を拾う細編み。
棒針編みのメリヤス編みの
模様に似ている。▶ P.26

11 **クロス細編み***
最初の糸かけを上からかけて
引き出す細編み。▶ P.27

12 **チェーン細編み***
細編みの裏側にあるすじを
拾う細編み。▶ P.28

13 **細編みのすじ編み**
前段の向こう側半目を拾う
細編みの輪編み。▶ P.29

14 **細編み2目一度**
細編みの減らし目。▶ P.30

15 **細編み2目編み入れる**
細編みの増し目。▶ P.32

●ぐるぐる編み、縁編み　わの作り目から左回りに、ぐるぐると平面に編みます。

16 **バック細編み**
左から右へ逆走する細編み。
▶ P.37

17 **ねじり細編み**
未完成の細編みにねじりを
入れた細編み。▶ P.39

* の付いた編み方は正式名がないため、本書内での名称になります。

STEP1 ≫ くさり編みの作り目

細編みを編むための土台のようなもので、ぐるぐる編み以外は必要。

1 針は右手の親指と人差し指で持ち、中指を軽く添える。そのまま左手の糸の後ろに針を押し当てる。

2 針を手前に引き、針先を回転させる。

3 針に糸がかかったところ。

4 糸がかかった輪の根元を左手の親指と中指で押さえて針に糸をかけ、矢印のように引き抜く。

5 最初の目ができたところ。この目は1目に数えない。

6 さらに糸をかけ、矢印のように引き抜く。

くさり編み1目

7 くさり編み1目が編めたところ。

column1

半目と裏山

くさり編みの作り目から細編みを編み始めるとき、半目を拾う場合と裏山を拾う場合があります。半目とは、くさり編みの表側（くさり状になっている方）の目を拾う方法。裏山は、くさり編みの裏側の目。簡単なのは半目ですが、裏山を拾うと編み地の端にくさりの目が出るので、きれいに仕上がります。

［半目］

立ち上がり1目

矢印のように表側に針を入れる。

［裏山］

立ち上がり1目

矢印のように裏側に針を入れる。

STEP2 ≫ 細編みの編み方

最初に覚えたい往復に編む基本の細編み。

［くさり半目を拾う］

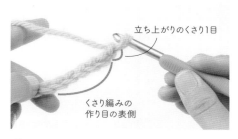

立ち上がりのくさり1目

くさり編みの
作り目の表側

1　必要な目数のくさり編みの作り目と
　　立ち上がりのくさり1目を編む。

2　立ち上がりのくさり1目の隣の目の
　　くさり半目に針を入れる。

3　針に糸をかけ、矢印のように引き出
　　す。

4　さらに糸をかけ、矢印のように引き
　　抜く。

5　くさり半目を拾った細編みが1目編
　　めたところ。

以降針を入れる位置

6　矢印の位置に針を入れ、同様に端ま
　　で編んだら編み地の向きを変える。
　　※2段目以降はP.12参照

〔裏山を拾う場合〕

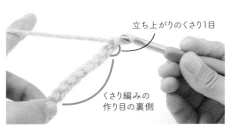

立ち上がりのくさり1目

くさり編みの作り目の裏側

1 必要な目数のくさり編みの作り目と、立ち上がりのくさり1目を編む。

2 立ち上がり1目の隣の目の裏山に針を入れ、糸をかけて矢印のように引き出す。

3 引き出したところ。

4 さらに糸をかけ、矢印のように引き抜く。

5 裏山を拾った細編みが1目編めたところ。

以降針を入れる位置

6 矢印の位置に針を入れ、同様に端まで編んだら編み地の向きを変える。
※2段目以降はP.12参照

[くさり半目と裏山を拾う]

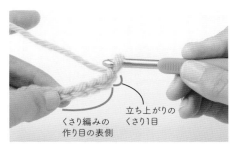

くさり編みの
作り目の表側

立ち上がりの
くさり1目

1 必要な目数のくさり編みの作り目と
立ち上がりのくさり1目を編む。

2 立ち上がりのくさり1目の隣の目の
くさり半目と裏山に針を入れる。

3 針に糸をかけ、矢印のように引き出
す。

4 さらに糸をかけ、矢印のように引き
抜く。

5 くさり半目と裏山を拾った細編みが
1目編めたところ。

6 同様に編む。作り目が伸びにくく
しっかりするので、楕円底を使う作
品などに向いている。

7 細編みの1段目が編めたら矢印のよ
うに編み地を返す。

8 編み地が裏になったところ。

11

［2段目］

立ち上がりのくさり1目

1目めの針を入れる位置

9 立ち上がりのくさり1目を編む。

10 前段の細編みの頭くさり2本を拾い、細編みを編む。

2目以降針を入れる位置

11 2段めの1目めが編めたところ。

Point

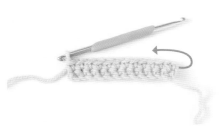

最後の目

矢印部分が最後の目。ここを落とさないように注意しましょう。

12 最後の目も頭くさり2本をきちんと拾う。

13 端まで編んだところ。3段目も矢印の方向に編み地を返し、同様に編む。

細編みの往復編みの表面。表も裏も編み目模様に変わりはないが、作り目の糸端が左側に来る面が表になる。

STEP3 ≫ アレンジ細編み

基本の細編みにアレンジを加えた往復編み。

1 細編みの編み方1～6（P.9）まで同様に編む。

［2段目］

2 編み地の向きを変える。

1目めの針を入れる位置

3 編み地を上から見たところ。

4 前段の目の向こう側半目に針を入れ、糸をかけ、矢印のように引き出す。

5 針に糸をかけ、矢印のように引き抜く。

6 細編みのうね編みの2段目の1目めが編めたところ。

7 同様に端まで編み、編み地を表に返す。

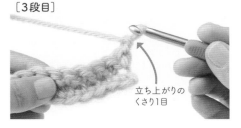

［3段目］

立ち上がりのくさり1目

8 立ち上がりのくさり1目を編む。

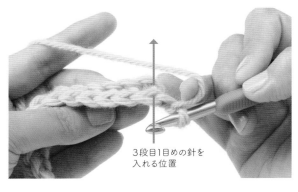

3段目1目めの針を
入れる位置

9 編み地を上から
見たところ。

10 前段の目の向こう側半目を拾い糸
をかけ、矢印のように引き出す。

11 針に糸をかけ、矢印のように引き
抜く。

12 3段目の1目めが編めたところ。

最後の目を入れる位置

13 最後の前段の目の向こう側半目を
しっかり拾う。

14 3段目まで編んだところ。4段目
も矢印の方向に編み地を返し、同
様に編む。

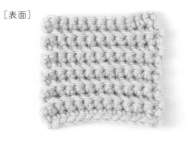

［表面］

段ごとに表裏交互に編んでいるので、表
裏両方にうね模様ができる。この編み地
は縦方向に伸縮性がある。

［2段目］

1 細編みの編み方1〜6（P.9）まで同様に編む。

1目めの針を入れる位置

2 編み地を上から見たところ。

3 前段の手前半目を拾い、針に糸をかけ、矢印のように引き出す。

4 さらに糸をかけ、矢印にように引き抜く。

5 細編みのすじ編みの2段目の1目めが編めたところ。

6 同様に端まで編み、編み地を矢印の方向に返す。

［3段目］

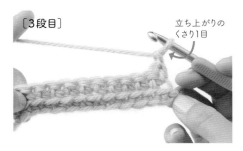

立ち上がりのくさり1目

7 立ち上がりのくさり1目を編む。

8 前段の目の向こう側半目に針を入れ、糸をかけて矢印のように引き出す。

15

③ 細編みのすじ編み×往復編み

9 針に糸をかけ、矢印のように引き抜く。

10 3段目の1目めが編めたところ。

11 同様に向こう側半目を拾い、端まで編む。

［表面］　　　　　　　　　　［裏面］

表面にのみすじ編みができる往復編みで、表面にのみ模様を作りたいときに有効。

④ リング細編み×往復編み

［2段目］

1 細編みの編み方1〜6（P.9）まで同様に編み、編み地の向きを変える。

2 左手の中指で糸を下に押さえる。

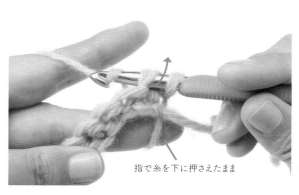

指で糸を下に押さえたまま

3 前段の細編みの頭くさり2本を拾い、糸をかけて矢印のように引き出す。

4 針に糸をかけ、矢印のように引き抜く。

5 リング細編みの2段目の1目めが編めたところ。

6 左手の中指から糸を外すと裏側にリング（輪）ができる。

7 同様に編み進める。

[3段目]

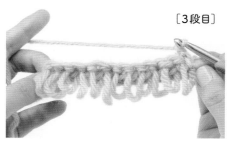

8 端まで編んだら編み地を表に返す。1目ごとにリングができる。

9 表面では細編みを1段編む。

［表面］　　　　　　　［裏面］

裏にリングができるので、裏面を編むときにリング細編みを編めば表面に編み目模様が出る。

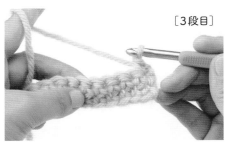

［3段目］

1 細編みの編み方1〜6（P.9）まで同様に編む。細編みを2段編み、立ち上がりのくさり1目と細編み1目を編んだところ。

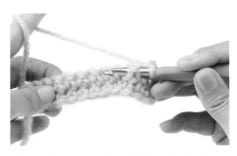

2 前段の目の足に手前から針を入れる。

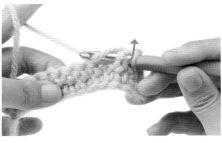

3 針に糸をかけ、矢印のように引き出す。

4 さらに糸をかけ、矢印のように引き抜く。

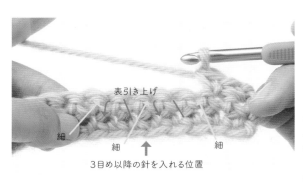

表引き上げ

細

細　細

↑
3目め以降の針を入れる位置

5 3段目の2目めの細編みの表引き上げ編みが編めたところ。

6 表引き上げ編みと細編みを交互に編み進める。

［5段目］

7 編み地の向きを変え、4段目は通常の細編みを1段編む。再び編み地の向きを変え、立ち上がりのくさり1目と細編み1目を編む。

8 前々段の表引き上げ編みの足に手前から針を入れる。

9 針に糸をかけ、矢印のように引き出し、5段目の細編みの高さまで引き上げる。

10 針に糸をかけ、矢印のように引き抜く。

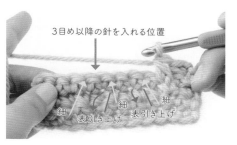

3目め以降の針を入れる位置

細 細 細
表引き上げ 表引き上げ

11 5段目2目めが編めたところ。

12 表引き上げ編みと細編みを交互に編み進める。

［表面］　　　　　　　　　　　［裏面］

表面に立体的な縄状の模様ができる。

---

column2

頭と足

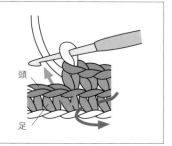

頭

足

頭とは、くさりが横に見える上の部分（茶）です。細編みの2段目からは、矢印（黄緑）のように頭2本を拾いながら編みます。足とは、くさりが縦に見える下の部分（青）。細編みの表引き上げ編みは、矢印（赤）のように足を拾いながら編みます。

［3段目］

1 細編みの編み方1〜6（P.9）まで同様に編む。細編みを2段編み、立ち上がりのくさり1目を編む。

2 前段の目の足に裏から針を入れる。

3 針に糸をかけ、矢印のように引き出す。

4 針に糸をかけ、矢印のように引き抜く。

5 細編みの裏引き上げ編みの3段目の1目めが編めたところ。

Point

矢印部分が最後の目。ここを落とさないように注意しましょう。

6 同様に端まで編む。

［4段目］

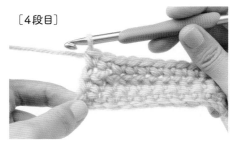

7 編み地の向きを変え、通常の細編みを1段編む。

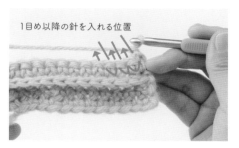

1目め以降の針を入れる位置

8 3段目と同様に編み進める。

［表面］　　　［裏面］

表面に横向きのくさり模様が入ったような編み地になる。

［3段目］

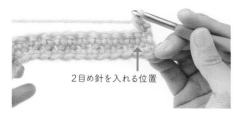

2目め針を入れる位置

1 細編みの編み方1〜6（P.9）まで同様に編む。細編みを2段編み、立ち上がりのくさり1目、細編み1目を編む。

2 前々段の細編みの頭に針を入れ、矢印のように引き出す。

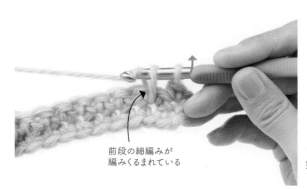

前段の細編みが編みくるまれている

3 針に糸をかけ、矢印のように引き抜く。

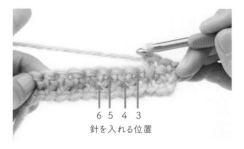

6 5 4 3
針を入れる位置

4 3段目の2目めに大きい細編みが編めたところ。

5 4の矢印を参考に、大きい細編みと細編みを交互に編み進める。

⑥ 細編みの裏引き上げ編み×往復編み

⑦ 大きい細編み×往復編み

［5段目］

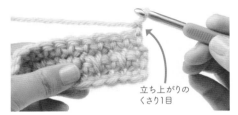

立ち上がりの
くさり1目

6 4段目は通常の細編みを1段編む。再び編み地を表に返し、立ち上がりのくさり1目を編む。

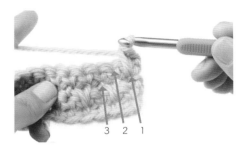

3 2 1

7 1目めは前々段の目を拾って大きい細編みを編む。

8 2目めは通常の細編み、3目めは前段を拾う大きい細編みを繰り返す。

［表面］

表裏両面にV字の模様が交互に入る。

column3

編み終わりと糸始末

往復編みの場合、最後まで編んだら最後の目を引き抜き、見えないように裏側に糸をくぐらせてからカットします（P.38-39参照）。輪編みやぐるぐる編みの場合はとじ針を使う「チェーンつなぎ」という方法があります。最後の引き抜き編みをせず、編み終わりと編み始めの目の間にもう一つくさり目を作る方法で、編み終わりの位置がわからないほどきれいに仕上がります。

［チェーンつなぎ］

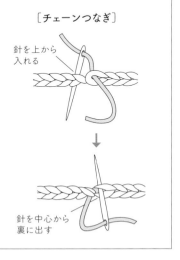

針を上から
入れる

針を中心から
裏に出す

〔5段目〕

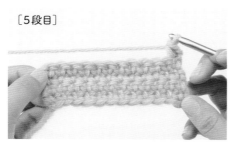

1 細編みの編み方1〜6（P.9）まで同様に編む。細編みを4段編み、編み地の向きを変え、立ち上がりのくさり1目、通常の細編み1目を編む。

2 前段を編みくるみ、前々段の細編みの頭を拾って細編みを編む。

3 前段、前々を編みくるみ、前々々段の細編みの頭を拾い、細編みを編む。

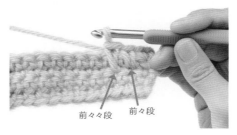

前々々段　前々段

4 3目めまで編めたところ。

5 前段、前々段、前々々段を編みくるみ、前々々々段の細編みの頭を拾い、細編みを編む。

6 4目めが編めたところ。

7 同様に針を入れる位置をずらしながら繰り返し編む。

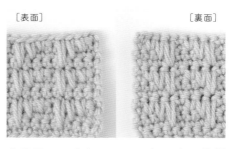

〔表面〕　　　　　〔裏面〕

表裏両面に大きさのちがうV字の模様が入る。

STEP4 ≫ 輪編み

くさり編みの作り目を輪にして筒状に編む。

1 くさり編みの作り目を編む。

2 ねじれないように注意しながら作り目を輪にする。

3 作り目の1目めの裏山に針を入れる。

4 針に糸をかけ、矢印のように糸を引き抜く。

5 輪がつながったところ。

立ち上がりのくさり1目

1目め針を入れる位置

6 立ち上がりのくさり1目を編む。

7 最初に引き抜いた裏山に針を入れ、糸をかけて矢印のように引き出す。

8 針に糸をかけ、矢印のように引き抜く。

9 1目めの細編みが編めたところ。

10 順番に裏山を拾い、ぐるっと一周 輪に編む。

11 1目めの細編みの頭くさり2本を拾っ て糸をかけ、矢印のように引き抜く。

12 1段目が編めたところ。

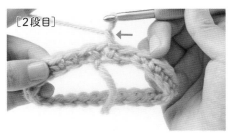

13 立ち上がりのくさり1目を編む。

14 矢印の位置に2段目の1目めを 編む。

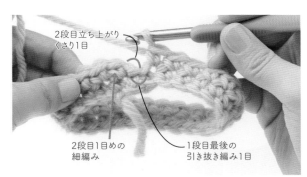

15 前段の細編みの頭 くさり2本を拾い、 同様に1周編む。

9
基本の細編み×輪編み

16 1目めの細編みの頭くさり2本を拾い、引き抜き編みをする。必要な段数分を繰り返し編む。

［表・立ち上がり面］

輪に編む事で裏面が出ないため、表の編み模様のみで構成される。引き抜き編みの位置がだんだんずれて斜行する。

10
メリヤス細編み×輪編み

1目め針を入れる位置

1 基本の細編みの輪編み1〜14（P.24〜）まで同様に編む。

2 前段の細編みの右側の足に針の頭を引っかけて広げる。

3 そのまま針の頭を右方向に押し込むようにさし入れる。

4 通常の細編みを編む。メリヤス細編みが1目編めたところ。

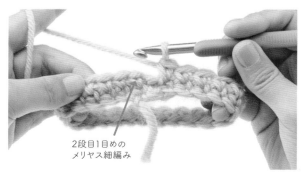

2段目1目めのメリヤス細編み

5 同様にぐるっと1周編み、1目めの頭くさり2本を拾って引き抜く。

3段目針を
入れる位置

6 必要な段数分を繰り返し編む。

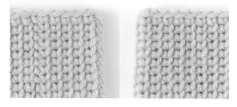

［表・立ち上がり面］

引き抜き編みの位置がまっすぐ揃う。棒
針編みのメリヤス編みのようなくさり
がつながったような編み地になる。

⑩ メリヤス細編み×輪編み

⑪ クロス細編み×輪編み

1 細編みの輪編み1〜14（P.24〜）まで
同様に編む。

2 前段の頭くさり2本に針をさし入れ
る。

編み地を上から見たところ

3 針を糸の上からかけ、矢印のように
引き出す。

4 通常の細編みと同様に、矢印のよう
に針に糸をかけて引き抜く。

5 クロス細編みが1目編めたところ。

2段目1目の
クロス細編み

6 同様にぐるっと1周編み、1目めの
クロス細編みの頭くさり2本を拾っ
て引き抜く。

3段目の針を入れる位置

7 引き抜き編みをして2段目が編めた
ところ。

[表・立ち上がり面]

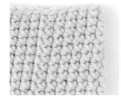 

通常の細編みと同じく足の右側の隙間を
拾うため右に斜行するが、若干足が左に傾
くので傾斜はなだらか。針を上からかける
と足がねじれ、左に傾き、×印のような編
み目模様になる。ただし、極太毛糸でない
と模様はわかりづらい。

1 細編みの輪編み1〜14（P.24〜）まで
同様に編む。

1目め針を入れる位置

2 1段目の編み地を手前に倒して表側
から見たところ。

3 細編み裏の頭の下にできるすじを拾
う。

4 針に糸をかけ、矢印のように引き出
す。

5 さらに糸をかけ、矢印のように引き
抜く。

6 チェーン細編みが1目編めたところ。

7 同様にぐるっと1周編み、1目めの
チェーン細編みの頭くさり2本拾っ
て引き抜く。

2段目1目めの
チェーン細編み

8 前段の頭くさり2本が手前に倒れ、
チェーンのような編み目模様がで
きる。

［表・立ち上がり面］

細編みの頭と足の間にできるす
じは左に寄っているので、そこ
を拾うため左に斜行する。細編
みの裏引き上げ編みと同じ編み
目模様になるが、拾う糸が1本
のため強度が低くなりやわらか
く編める。

⑫ チェーン細編み×輪編み

1目め拾い位置

1 細編みの輪編み1〜14（P.24〜）まで
同様に編む。

2 前段の目の向こう側半目に針を入
れる。

3 針に糸をかけ、矢印のように引き出
す。

4 さらに糸をかけ、矢印のように引き
抜く。

⑬ 細編みのすじ編み×輪編み

13
細編みのすじ編み×輪編み

14
細編み2目一度×輪編み

5　1段目の1目めの細編みのすじ編み
　　が編めたところ。

2段目1目めの
すじ編み

6　ぐるっと1周編み、1目めの頭くさ
　　り2本を拾って引き抜く。

3段目の針を
入れる位置

7　2段目が編めたところ。

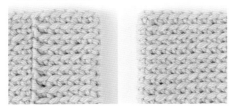

［表・立ち上がり面］

細編みの中心を拾うことができるので
斜行しない。編み込み模様など斜行によ
るズレをさせたくないときに有効。前段
の目の手前半目が残り表面にすじ模様
ができる。

1目め針を
入れる
位置

1　細編みの輪編み1〜7（P.24〜）まで
　　同様に編む。

2　作り目の最初に引き抜いた裏山と同
　　じ目を拾い、糸をかけて矢印のよう
　　に引き出す。

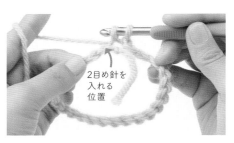

2目め針を
入れる
位置

3　未完成の細編みが編めたところ。

4　2目めの裏山に針を入れ、糸をかけ
　　て矢印のように引き出す。

5 糸をかけ、針にかかる3本のループを矢印のように一度に引き抜く。

6 細編み2目一度が1目編めたところ（作り目の2目が1目に減った）。

7 くさり編みを1目編む。

1目めの
細編み2目一度

8 細編み2目一度を1目と、くさり編み1目を交互に編む。

[2段目]

9 1目めの細編み2目一度の頭くさり2本に針を入れて引き抜き、立ち上がりのくさり1目を編む。

10 前段1目めを拾い、未完成の細編みを1目編む。

11 前段2目めのくさり編みの束を拾い、未完成の細編みをもう1目編む。針に糸をかけ、矢印のように引き抜く。

12 2段目の1目めが編めたところ。

⑭ 細編み2目一度×輪編み

13 くさり編み1目を編む。

14 細編み2目一度とくさり編み1目を交互に編み進める。

［表・立ち上がり面］

目数を減らしたいときに使用する。逆V字の編み目模様になるのを活かし、メリヤス編みのような模様を作ることができる。

⑮ 細編み2目編み入れる×輪編み

1 細編みの輪編み1〜7（P.24〜）まで同様に編む。

1目め針を入れる位置

2 立ち上がりのくさり1目を編む。

3 2の矢印のように作り目の最初に引き抜いた裏山と同じ目を拾い、細編みを1目編む。

4 もう一度同じ目を拾い、細編みを1目編む。細編み2目編み入れるが編めたところ（作り目の1目が2目に増えた）。

5 隣の目を編みとばし、細編みを2目
ずつ編み入れる。

1目めの細編み

6 1目めの細編みの頭くさり2本に引
き抜き編みを1目編む。

[2段目]

7 立ち上がりのくさり1目を編む。

8 前段の1目めに細編みを2目を編
み入れる。

編みとばす位置

9

前段の次の目をとばし、
次の目に細編み2目編
み入れるを繰り返し編
み進める。

[表・立ち上がり面]

目数を増やしたいときに使用する。毎
段増やし目の右側を拾うので右に斜行
する。斜行と編みとばした細編みの頭
が斜めストライプのような模様を作り
出す。

わの作り目〜細編みのぐるぐる編み

STEP5 ≫ ぐるぐる編み

わの作り目から目を増やしながらぐるぐると編む。

1 左手の人差し指に糸を2回巻きつける。

2 そのまま指から糸を外し、わが崩れないように右手で押さえる。

3 わにつながる糸を左手の薬指と小指の間から出し、中指と人差し指の間から手の甲側へ出す。

4 糸を人差し指の上に乗せ、親指と中指でわを持つ。

5 右手に針を持ち、わの中に針を入れ、矢印のように引き抜く。

6 わの作り目ができた。この目は1目に数えない。

[1段目]

7 針に糸をかけ、矢印のように引き抜く。

8 立ち上がりのくさり1目が編めたところ。

34

9 わの中に針を入れ、糸をかけて矢印のように引き出す。

10 さらに糸をかけ、矢印のように引き抜く。

11 細編み1目が編めたところ。

12 同様に繰り返し、必要な目数の細編みを編む。

糸端

13 糸端を少し引いて、中心の輪2本のうち動く方の糸（12の矢印）を矢印の方向に引き、わを縮める。

糸端

14 再び糸端を矢印の方向に引く。

15 2本目のわが引き締まる。

16 再び針を目に戻す。

わの作り目〜細編みのぐるぐる編み

17 最初の目の頭くさり2本に針を入れ、糸をかけて矢印のように引き抜く。

18 1段目が編めたところ。

［2段目］

1目め針を入れる位置

19 立ち上がりのくさり1目を編む。

20 19の矢印の位置に針を入れ、糸をかけて矢印のように引き出す。

21 針に糸をかけ、矢印のように引き抜く。

22 1目めの細編みが編めたところ。

1つの目に3目入っている

23 1目めと同じ目に細編みをもう2目編み入れる(No.15 細編み2目編み入れるの、3目バージョン)。

24 細編み1目、細編み3目編み入れるを繰り返す。

25 1目めの頭くさり2本を拾い、引き抜き編みをする。

26 細編みのぐるぐる編みで正方形ができた。

27 角に細編み3目編み入れて増し目をすると、正方形が大きくなる。

[細編みのぐるぐる編み27からの続き]

1目めの針を入れる位置

1 立ち上がりのくさり1目を編む。

2 前段最後の目の頭くさり2本に針を入れる。

3 上から針に糸をかけ、矢印のように引き出す。

4 さらに糸をかけ、矢印のように引き抜く。

わの作り目〜細編みのぐるぐる編み

16 バック細編み×ぐるぐる編み（縁編み）

5 細編みが1目編めたところ。

6 同様に左回りに編み進める。

7 バック細編みでぐるっと1周編んだところ。

8 糸始末をする。針にかかった糸を引っ張り、ハサミで糸をカットする。

9 糸端をとじ針に通し、立ち上がりから出ている右の編み目に向こう側から針を入れる。

10 手前側に引っ張る。

11 裏側の目に針を通す。

12 矢印のように反対方向にも針を通す。

[表面]　　　　　　[裏面]

13 糸をキュッと引き締め、ハサミで
カットする。

右巻きにねじれたような編み目ができ
る。縁編みの飾りとして使う。

---

column4

ぐるぐる編みの増し目位置

スワッチのように四角くぐるぐる編
む場合は、4つの角で増し目をしま
す。目数は同じでも、図のように増し
目の位置を揃えると多角形になり、
ばらけさせると、円型になります。

[細編みのぐるぐる編み27からの続き（P.37）]

1目め針を
入れる位置

1 立ち上がりのくさり1目を編む。

2 前段の1目めに針を入れ、糸をかけ
て矢印のように引き出す。

3 そのまま針を右回りに1周回転させ
る。

4 針にかかった2本のループがねじれ
たところ。

ねじり細編み×ぐるぐる編み（縁編み）

5 針に糸をかけ、矢印のように引き抜く。

6 ねじり細編みが1目編めたところ。

7 同様に右回りにねじりながら細編み
を編む。

8 ぐるっと1周編む。

立ち上がり

9 バック細編み同様、糸をカットして
とじ針に糸端を通したら、立ち上が
りから出ている左の編み目に裏から
針を入れる。

カットする

10 バック細編みとは逆方向に糸を
通し、ハサミでカットする。

［表面］　　　　　　［裏面］

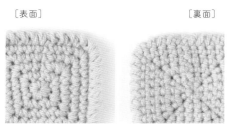

右巻きにねじれたような編み目ができ
る。縁編みの飾りとして使う。

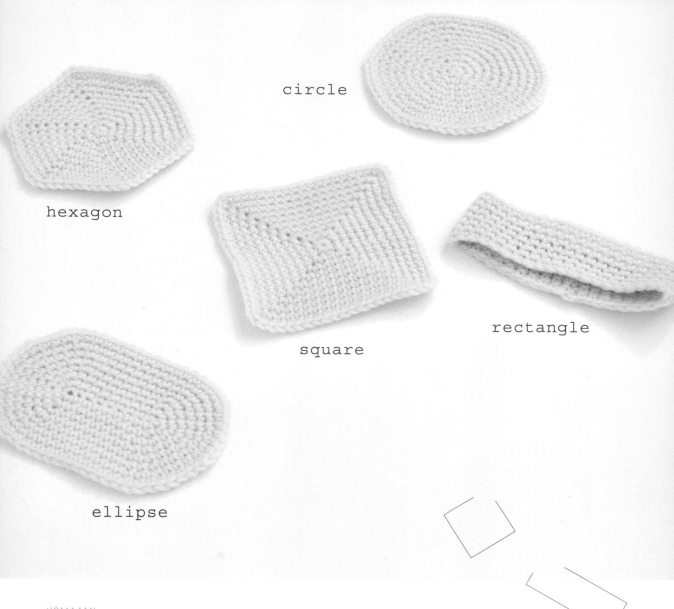

circle

hexagon

square

rectangle

ellipse

Part 2

細編みのアイデア［フォルム］

パート2では、フォルム（形）にこだわった作品を提案。
長方形、正方形、丸型、楕円、六角形など、
それぞれの形に合う編み方とアイテムを
ベーシック編とアレンジ編に分けて紹介します。

往復編み×細編み ≫ 長方形

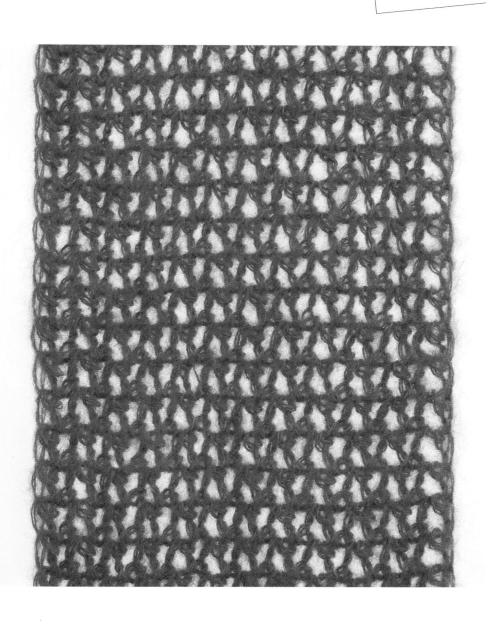

ざっくり編みのマフラー

手つむぎのようなやさしい風合いの細めのタム
糸をオーバーサイズのジャンボ針でザクザク編
んでいます。かぎ針編みのマフラーは重くなり
がちですが、ふわっと軽い仕上がりです。

[HOW TO MAKE　P.84]

往復編み×細編み≫長方形

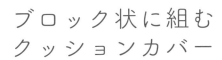

ブロック状に組む
クッションカバー

細編みで棒状のパーツを編み、ブロック状に組み上げました。
編み方がシンプルなので、異素材を組み合わせるとユニークな
仕上がりに。余り糸を利用するのもおすすめです。

[HOW TO MAKE　P.86]

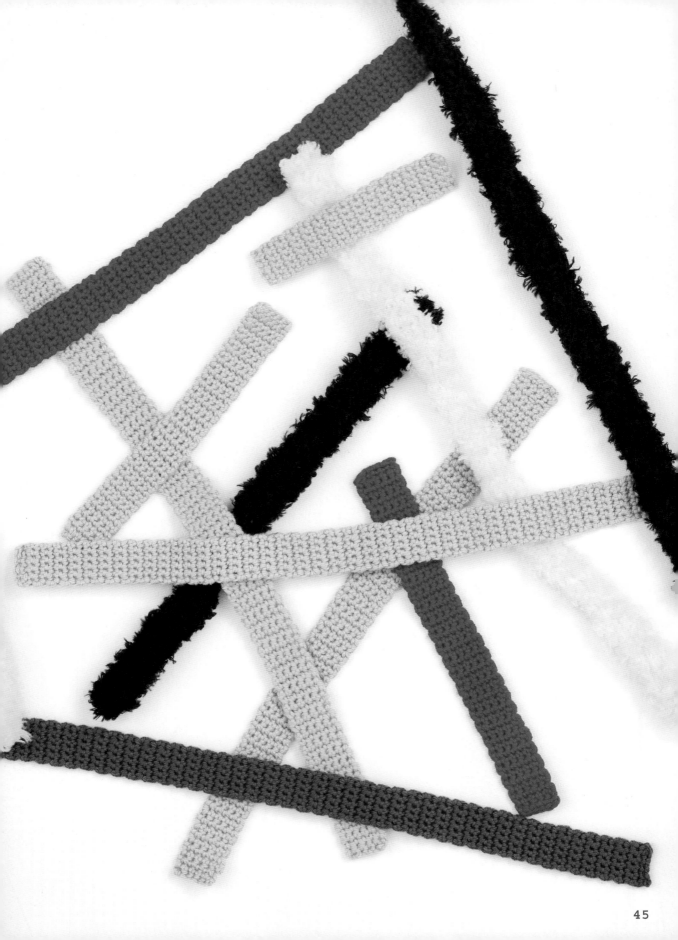

ぐるぐる編み×細編み ≫ 正方形

よね編みのひざかけ

くさり編みと細編みを組み合わせたよ
ね編みで、ぐるぐると正方形に編みま
した。2色の糸を使っているので中心
からストライプ状の模様ができます。

[HOW TO MAKE P.90]

ぐるぐる編み×細編み》正方形

正方形から作るグラニーバッグ

角で増し目をしながら正方形にぐるぐる編むだけ。好みの大き
さで止めて、四隅に持ち手をつければ完成です。単色の糸にし
たり、複数の糸を混ぜたりして雰囲気の違いを楽しみましょう。

[HOW TO MAKE P.93]

ぐるぐる編み×細編み ≫ 丸型

持ち手付きバスケット

中心からぐるぐると丸く編むだけ。きれ
いな円を作るには増し目の位置をずらす
のがポイントです。お好みや部屋の雰囲
気に合わせて、色を変えてみましょう。

[HOW TO MAKE P.84]

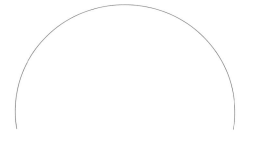

ぐるぐる編み×細編み ≫ 丸型

麦わら風ハット

途中に入る黒糸は、前段や前々段を編みくるみながら模様にしました。拾う位置を変えれば、いろいろな模様を作ることができます。

[HOW TO MAKE　P.91]

舟形トートバッグ

舟形のベーシックなトートバッグ。楕円型の
底は、くさり編みの作り目のくさり半目と裏
山の2本を一度に拾うと1段目との隙間が
できにくくなるのでおすすめです。

[HOW TO MAKE　P.88]

ぐるぐる編み×細編み2目一度 ≫ 楕円

マチ付きペンケース

細編みの減らし目を使った模様編み。
底の編み方は舟形トートバッグと同じ
ですが、側面はメリヤス編みのような
特徴的な編み地になります。

[HOW TO MAKE P.92]

メビウス風スヌード

メビウスの輪のようにねじれ、作り目
の上下に編み地が広がるおもしろい編
み方。長さやボリュームはお好みで調
整できます。

[HOW TO MAKE P.100]

輪編み×メリヤス細編み・細編み2目編み入れる》円柱

猫耳ニット帽子

細編みの増し目とメリヤス細編みで作る千鳥格子柄。輪編みで円柱型に編み、最終段をとじて、中央を凹ますことで猫耳風になります。

[HOW TO MAKE P.94]

ぐるぐる編み×細編み》六角形

モチーフ3枚をつなげる
スマホショルダー

増し目の位置を揃えると、その部分が角ばり、
多角形のモチーフになります。六角形のモチー
フ3枚をつないだら、スマホがすっぽり収まる
ミニショルダーの完成です。

[HOW TO MAKE P.96]

ぐるぐる編み×細編みの表引き上げ編み・裏引き上げ編み・ねじり細編み ≫六角形

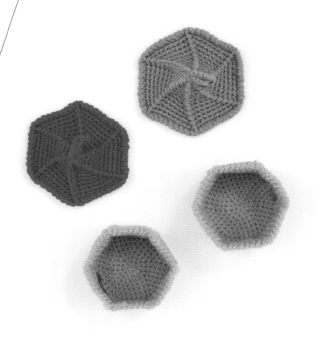

蓋付きおうち型
小物入れ

裏引き上げ編みで底と側面の角を立たせ、表引き上げ編みで側面の六角形の角を立たせています。蓋は少し大きめにして乗せているだけなので、物の出し入れが簡単です。

[HOW TO MAKE　P.98]

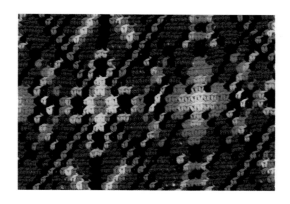

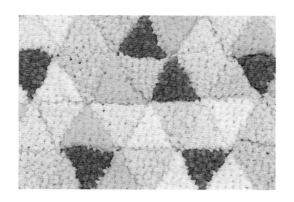

Part 3

細編みのアイデア［ステッチ］

パート3では、ステッチ（編み地）にこだわった
作品を提案。見た目がユニークなものから、
ロープやビーズなどを編みくるむものまで
チャレンジを楽しめるアイテムを取り揃えました。

模様編み×細編みのうね編み・細編み3目編み入れる

シェブロン柄の
ネックウォーマー

伸縮性のあるうね編みは、かぶる
タイプのアイテムにぴったり。シェ
ブロン柄は、増し目、減らし目を
繰り返しながら作ります。

[HOW TO MAKE　P.101]

ビルムバッグ

華やかな模様の編み込みバッグ。
すじ編みをすることで斜行を防ぐ
ことができるので、模様をきれい
に出したいときにおすすめです。

[HOW TO MAKE P.102]

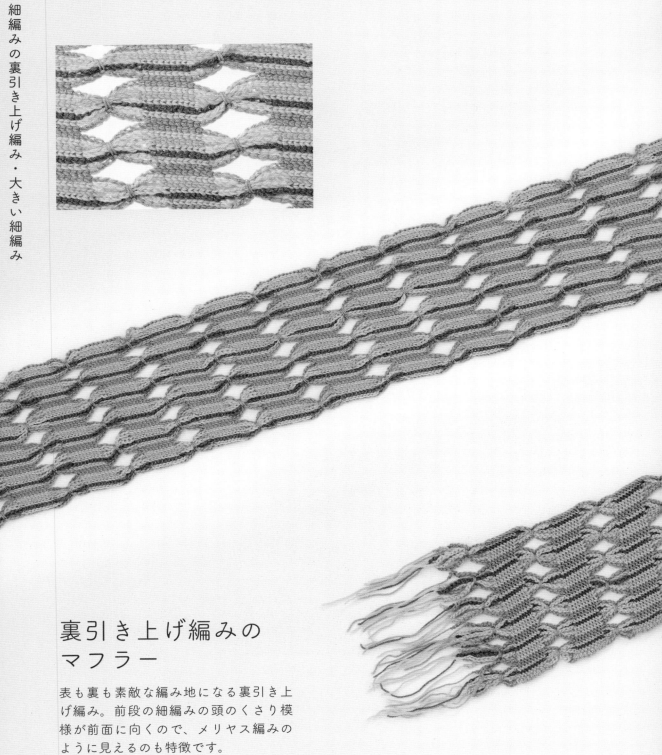

裏引き上げ編みの
マフラー

表も裏も素敵な編み地になる裏引き上
げ編み。前段の細編みの頭のくさり模
様が前面に向くので、メリヤス編みの
ように見えるのも特徴です。

[HOW TO MAKE P.104]

ネコのあみぐるみ

輪編みやぐるぐる編みで編んだ各
パーツを組み合わせて作ります。糸
の配色や目のアイラインなどでレト
ロな雰囲気のネコになりました。

[HOW TO MAKE P.112]

エスニック風
ルームシューズ

とんがったつま先と大きな
ボンボンが印象的なルーム
シューズ。裏引き上げ編みの
アレンジで、柔らかい編み地
に仕上がりました。

[HOW TO MAKE P.121]

ふわふわリングの
マーガレットボレロ

まるで羊の毛のようなふわふわな編み
地になるリング細編み。リングの長さ
が揃うように気をつけながら編みま
しょう。

[HOW TO MAKE P.106]

三角モチーフのバッグ

編み目が見えにくく、見た目よりもしっかり
仕上がるモール糸を使用。小さな三角形のモ
チーフから六角形のモチーフを作り、つなぎ
合わせています。

[HOW TO MAKE　P.108]

花モチーフの三角ショール

軽くてふわふわのモヘア糸を使用。大きめの針でふんわり編んだ
立体モチーフをつなぎ合わせました。形や大きさはお好みで調整
しましょう。

[HOW TO MAKE P.110]

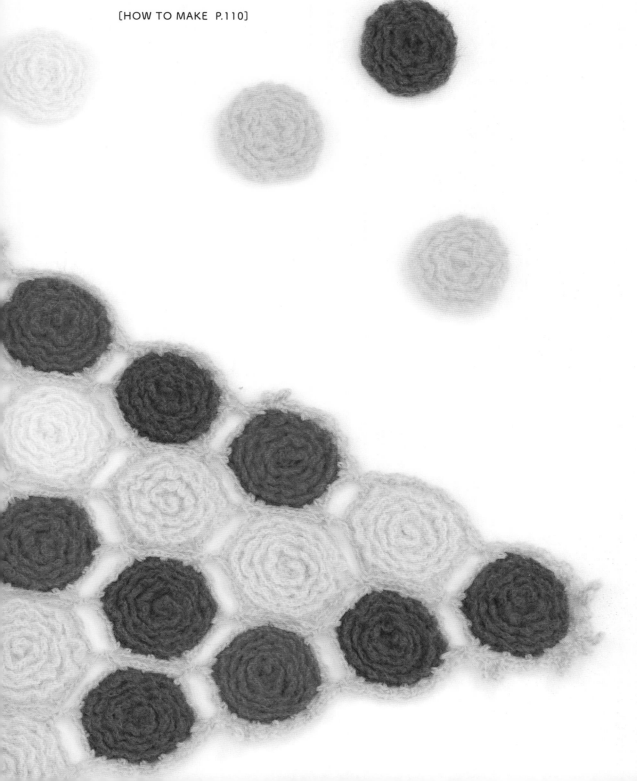

ビーズの
がま口ポーチ

あらかじめビーズを糸に通し、表から
編み、表側にビーズを出します。ビー
ズの色や大きさ、配列などはお好みで
アレンジしましょう。

[HOW TO MAKE P.115]

インコ柄の
編み込みバッグ

編み地が斜行せず、きれいに模様が
出るメリヤス細編み。通常の細編み
に比べると目が拾いにくいので、緩
めに編むのがポイントです。

[HOW TO MAKE P.122]

編み付け
ショルダーバッグ

個性的なファンシーヤーンで立体感を出した
インパクト抜群のバッグです。バッグ本体を
仕上げた後に編み付けるので、失敗を恐れず
チャレンジできます。

[HOW TO MAKE P.118]

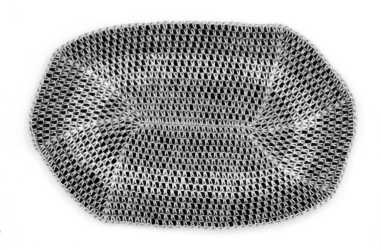

包み編みの
ミニマット

立ち上がりをつけずに、太めのロープを包みながらぐるぐる編みます。しっかりとした編み地に仕上がるので、マットはもちろん自立させたいかごなどにもぴったりな編み方です。

[HOW TO MAKE　P.124]

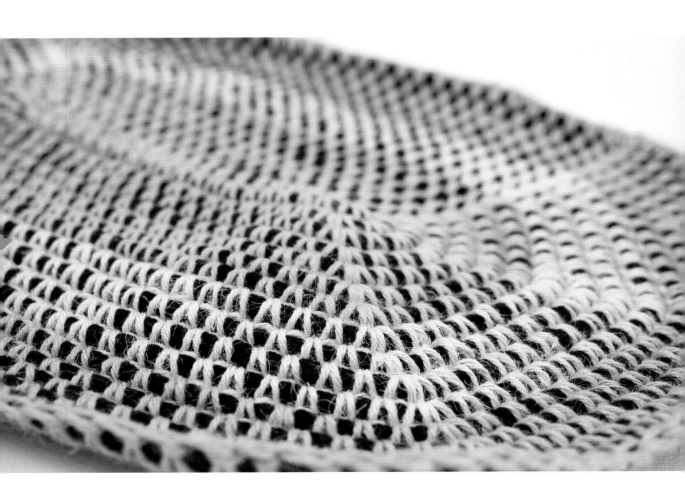

KOMAAMI
PATTERN WORK

Part 4

HOW TO MAKE

パート２、パート３で紹介した
作品の作り方を紹介します。
初めての方はパート２の
ベーシック編のアイテムから
作ってみましょう。

ざっくり編みのマフラー ［P.42］

[糸] ハマナカ カミーナ タム
　　　オレンジ（203）65g
[針] かぎ針 ジャンボ針10mm、とじ針
[ゲージ] 細編み8目14.5段＝10cm
[仕上がりサイズ] 図参照

[作り方]
1本取りで編む。
くさり編み120目の作り目に細編み
120目を編み入れる。増減なしの往
復編みで23段目まで編む。

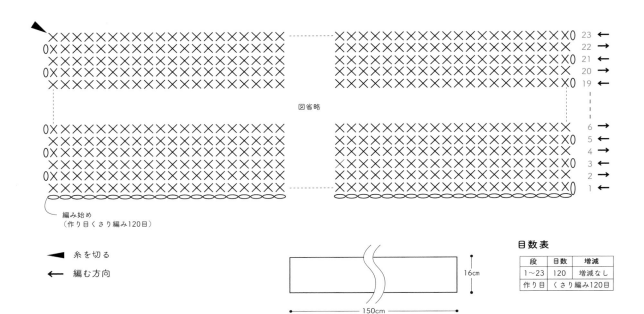

編み始め
（作り目くさり編み120目）

◀ 糸を切る

← 編む方向

段	目数	増減
1〜23	120	増減なし
作り目	くさり編み120目	

目数表

16cm

150cm

持ち手付きバスケット ［P.50］

[糸] ハマナカ コマコマ 青（16）200g、
　　　黄（3）40g、きなり（2）40g、
　　　ピンク（17）70g、赤（20）70g
[針] かぎ針8/0号、とじ針
[ゲージ] 細編み11.5目15段＝10cm
[仕上がりサイズ] 図参照

[作り方]
1本取りで編む。
1. 本体を編む。わの作り目に細編み6目を編み
　 入れる。編み図のとおり56段目まで編む。
2. 持ち手を編む。編み図のとおり2本編む。
3. 図Aを参照し、持ち手を持ち手取り付け位置
　 に縫い付ける。

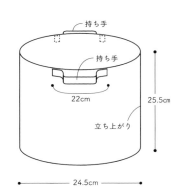

持ち手

持ち手

22cm

25.5cm

立ち上がり

24.5cm

〈本体編み図〉

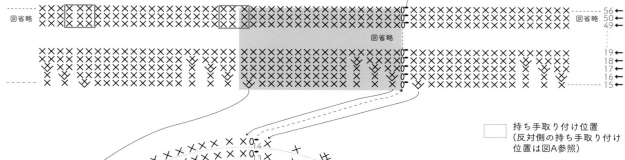

編み終わり(チェーンつなぎ)

図省略

図省略

図省略

図省略

			56 ←	
			50 ←	
			49 ←	
			19 ←	
			18 ←	
			17 ←	
			16 ←	
			15 ←	

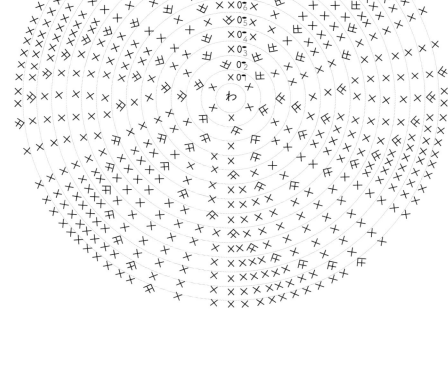

□ 持ち手取り付け位置
（反対側の持ち手取り付け
位置は図A参照）

▨ 6回繰り返す

← 編む方向

◀ 糸を切る

── 矢印の先に編み入れる

----▶ 矢印の先を続けて編む

目数・配色表

段	目数	増減	配色
51〜56	108		赤
44〜50	108		ピンク
39〜43	108		きなり
34〜38	108	増減なし	青
29〜33	108		黄色
19〜28	108		
18	108		
17	102		
16	96		
15	90		
14	84		
13	78		
12	72		
11	66		
10	60		
9	54	+6目	青
8	48		
7	42		
6	36		
5	30		
4	24		
3	18		
2	12		
1	6		
作り目	わ		

● 図A

95cm=108目

17目　10目 10目　17目　　17目　10目 10目　17目

3目　　3目　　　3目　　3目

側面

立ち上がり

底

□ 持ち手
取り付け位置

〈持ち手編み図〉×2枚

糸色：赤

◀ ×××××××××××××××××××××○ 3 ←
0××××××××××××××××××××× 2 →
×××××××××××××××××××××○ 1 ←

編み始め
（作り目くさり編み25目）

85

ブロック状に組むクッションカバー [P.44]

[糸] ハマナカ エクシードウールL《並太》赤(835)125g、ピンク(842)125g、
　　黄緑(837)125g、紫(812)120g、茶(833)100g、
　　ハマナカ メリノウールファー 白(1)60g、黒(8)60g
[針] かぎ針7/0号、5/0号、とじ針、縫い針
[その他] ヌードクッション(45cm角)、マーブルボタン(黒 21mm 5個)、
　　手縫い糸(黒)
[ゲージ] 細編み5目=2.5cm 22段=10cm
[仕上がりサイズ] 図参照

[作り方]
1本取りで編む。

1. 本体パーツを編む。エクシードウールLを5/0号針で、
　くさり編み5目の作り目に細編み5目を編み入れる。
　増減なしの往復編みで100段目まで編む。メリノウー
　ルファーを7/0号針で、くさり編み3目の作り目に細
　編み3目を編み入れる。増減なしの往復編みで60段
　目まで編む。それぞれ指定の色で必要枚数を編む。
2. 面を2枚作る。下記を参照し、細編みでつなぐ。
3. 〈組み立て方〉(P.88)を参照し、本体を作る。
4. 図Bを参照し、マーブルボタンをボタン取り付け位置
　に縫い付ける。

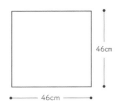

46cm / 46cm

〈本体パーツ編み図〉

エクシードウールL《並太》
かぎ:針5/0号
赤10枚、ピンク10枚、
黄緑10枚、
紫6枚、茶8枚

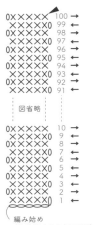

メリノウールファー
かぎ:針7/0号
白8枚、黒8枚

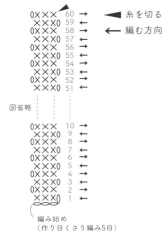

◀ 糸を切る
← 編む方向

編み始め
(作り目くさり編み5目)

編み始め
(作り目くさり編み5目)

目数表

段	目数	増減
1〜100	5	増減なし
作り目	くさり編み5目	

目数表

段	目数	増減
1〜60	3	増減なし
作り目	くさり編み3目	

●面の作り方　〈縁編み図(P.87)〉の①

1. 本体パーツを図Aのように配置し、1から順に30まで細編みで
　編みつなぎ、糸を切らず休ませておく。
2. 図Bのように本体パーツを互い違いに組み、クリップなどで端
　を仮止めしておく。
3. 31から60まで細編みで編みつなぐ。

●図A

縦位置配色
15 14 13 12 11 10 9 8 7 6 5 4 3 2 1

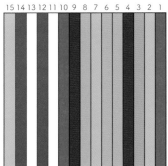

31 32 33 34 35 36 37 38 39 40 41 42 43 44 45

横位置配色

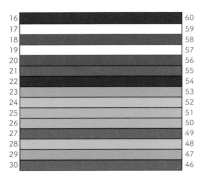

16 60
17 59
18 58
19 57
20 56
21 55
22 54
23 53
24 52
25 51
26 50
27 49
28 48
29 47
30 46

●図B

互い違いに組む

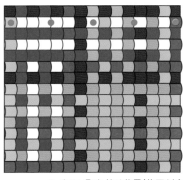

●ボタン取り付け位置(後面/表)

〈縁編み図〉

エクシードウールL《並太》
かぎ針：5/0号
糸色：紫

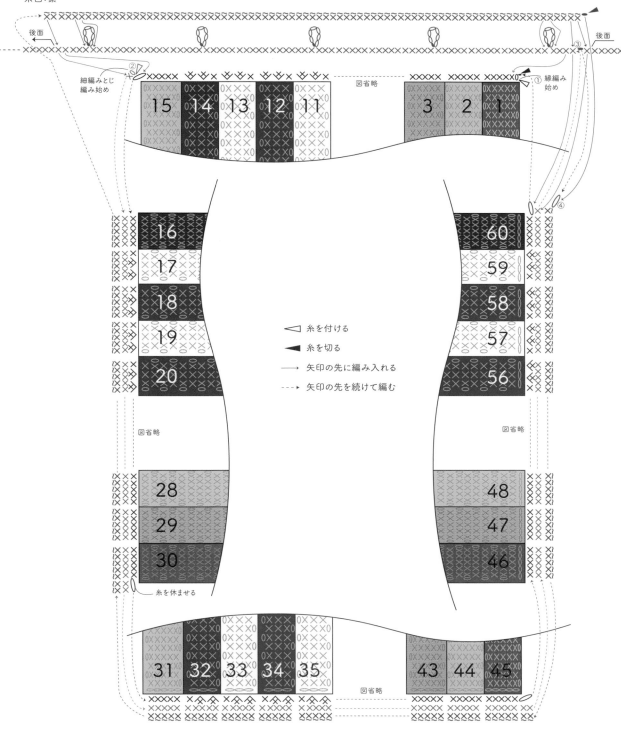

後面

細編みとじ
編み始め

②

図省略

③

④

後面

縁編み
始め

①

15 14 13 12 11

3 2 1

16
17
18
19
20

60
59
58
57
56

◁ 糸を付ける
◀ 糸を切る
→ 矢印の先に編み入れる
--→ 矢印の先を続けて編む

図省略

図省略

28
29
30

48
47
46

糸を休ませる

31 32 33 34 35

43 44 45

図省略

●組み立て方

①面を図A（P.86）を参照に2枚作る。

②面2枚を外表に合わせ、3辺を細編みでとじる。

③ループボタンホールを作りながら入れ口を細編みで縁編みする。

④細編みとじをした3辺と入れ口の前面/表のみをバック細編みで縁編みする。

前面/表　　後面/裏

編む方向

細編みとじ 編み始め

前面/表

ループ ボタンホール　入れ口 縁編み始め

前面/表

バック細編み 縁編み始め

前面/表

舟形トートバッグ [P.54]

[糸] DARUMA ポンポンウール スペースブルー×グレー(12)140g
[針] かぎ針8/0号、とじ針
[ゲージ] 細編み15目18段＝10cm
[仕上がりサイズ] 図参照

[作り方]

1本取りで編む。

1. 本体を編む。くさり編み15目の作り目に細編み32目を編み入れる。
   編み図のとおり35段目まで編む。

2. 持ち手を作る。編み図のとおり編み、〈持ち手作り方〉を参照し2本作る。

3. 本体編み図の持ち手取り付け位置を参照し、持ち手を指定の位置に縫い付ける。

〈持ち手編み図〉× 2枚

60 →
59 ←
58 →
57 ←
56 →
55 ←
54 →
53 ←
52 →
51 ←

図省略

10 →
9 ←
8 →
7 ←
6 →
5 ←
4 →
3 ←
2 →
1 →

編み始め
（作り目くさり編み2目）

◀ 糸を切る

●持ち手作り方

持ち手の両端を中心に向かって外表に折りとじ針でとじる。

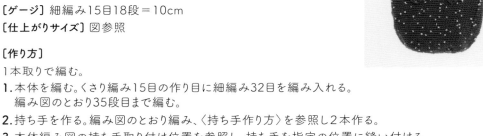

37cm =60段

4cm=6目

4cm =6段
3cm =4段

23cm =40段

3cm =4段
4cm =6段

裏

29cm
30cm
58cm
15cm
19cm

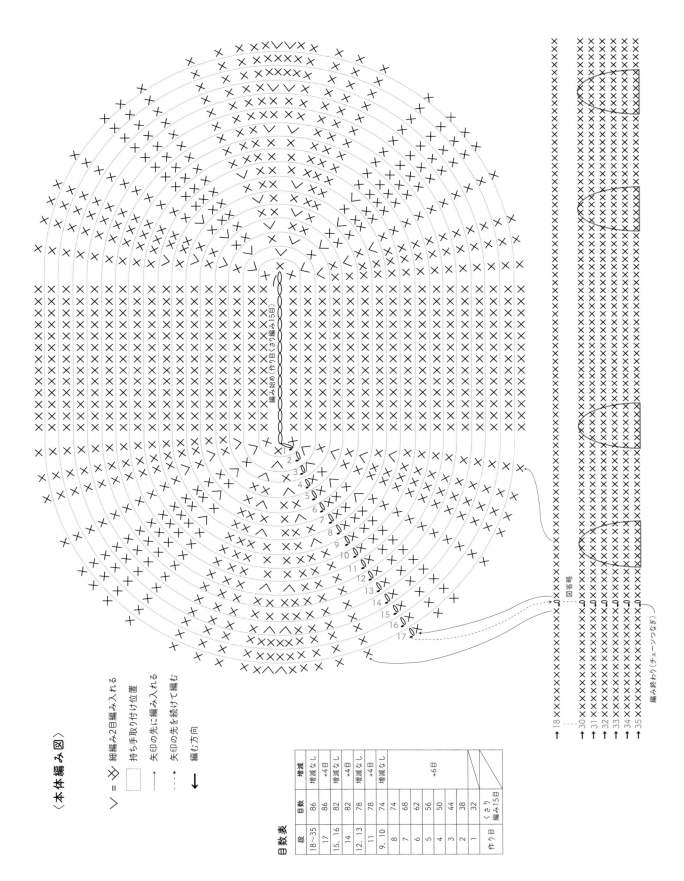

〈本体編み図〉

∨ = ✕ 細編み2目編み入れる

□ 持ち手取り付け位置

→ 矢印の先に編み入れる

⇢ 矢印の先を編み続けて編む

↓ 編む方向

編み始め(作り目くさり編み15目)

図省略

編み終わり(チェーンつなぎ)

↑18 ↑30 ↑31 ↑32 ↑33 ↑34 ↑35

目数表

段	目数	増減
18～35	86	増減なし
17	86	+4目
15, 16	82	増減なし
14	82	+4目
12, 13	78	増減なし
11	78	+4目
9, 10	74	増減なし
8	74	
7	68	
6	62	
5	56	+6目
4	50	
3	44	
2	38	
1	32	
作り目	くさり編み15目	

よね編みのひざかけ [P.46]

[糸] ハマナカ コロポックル 黄(5)120g、
　　水色(21)110g
[針] かぎ針5/0号、とじ針
[ゲージ] 模様編み20目20段＝10cm
[仕上がりサイズ] 図参照

[作り方]
1本取りで編む。
わの作り目に細編み4目とくさり
編み8目を編み図のとおり編み
入れ、84段目まで編む。

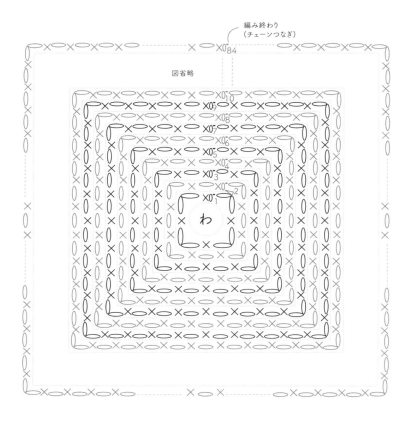

編み終わり
（チェーンつなぎ）

図省略

わ

糸色：奇数段＝水色
　　　偶数段＝黄

各段編んだら糸を休ませ
針を付け変えて編む

◁ 糸を付ける

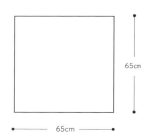

65cm

65cm

目数表

段	目数	増減
21	172	
20	164	
19	156	
18	148	
17	140	
16	132	
15	124	
14	116	
13	108	
12	100	
11	92	+8目
10	84	
9	76	
8	68	
7	60	
6	52	
5	44	
4	36	
3	28	
2	20	
1	12	
作り目	わ	

段	目数	増減
42	340	
41	332	
40	324	
39	316	
38	308	
37	300	
36	292	
35	284	
34	276	
33	268	
32	260	+8目
31	252	
30	244	
29	236	
28	228	
27	220	
26	212	
25	204	
24	196	
23	188	
22	180	

段	目数	増減
63	508	
62	500	
61	492	
60	484	
59	476	
58	468	
57	460	
56	452	
55	444	
54	436	
53	428	+8目
52	420	
51	412	
50	404	
49	396	
48	388	
47	380	
46	372	
45	364	
44	356	
43	348	

段	目数	増減
84	676	
73	668	
82	660	
81	652	
80	644	
79	636	
78	628	
77	620	
76	612	
75	604	
74	596	+8目
73	588	
72	580	
71	572	
70	564	
69	556	
68	548	
67	540	
66	532	
65	524	
64	516	

麦わら風ハット [P.52]

[糸] ハマナカ エコアンダリヤ
ベージュ(23)95g、黒(30)20g
[針] かぎ針6/0号、とじ針
[ゲージ] 細編み17目21段=10cm
[仕上がりサイズ] 図参照

[作り方]
1本取りで編む。

1. クラウンを編む。わの作り目に細編み6目を編み入れる。編み図のとおり40段目まで編む。
2. ブリムを編む。編み図のとおり52段目まで編む。
3. スチームアイロンで整形する。

糸色：✕ベージュ、✕黒

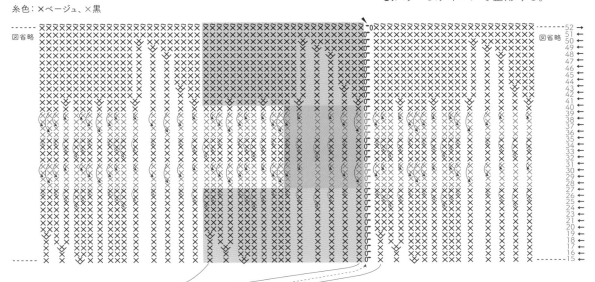

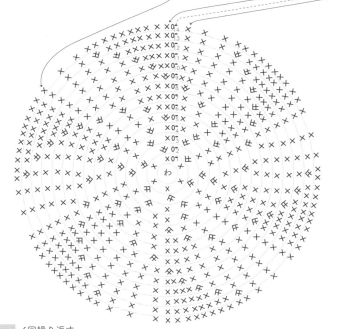

■ 6回繰り返す
■ 16回繰り返す
→ 編む方向
◀ 糸を切る

→ 矢印の先に編み入れる
✕→ 矢印の先に編み入れる（間の目は編みくるむ）
- - -> 矢印の先を続けて編む

目数表

段	目数	増減	部位
51、52	144	増減なし	ブリム
50	144		ブリム
49	138	+6目	ブリム
48	132		ブリム
44～47	126	増減なし	ブリム
43	126	+6目	ブリム
42	120	増減なし	ブリム
41	120	+24目	ブリム
20～40	96	増減なし	クラウン
19	96	+6目	クラウン
18	90	増減なし	クラウン
17	90	+6目	クラウン
16	84	増減なし	クラウン
15	84	+6目	クラウン
14	78	増減なし	クラウン
13	78		クラウン
12	72		クラウン
11	66		クラウン
10	60		クラウン
9	54		クラウン
8	48	+6目	クラウン
7	42		クラウン
6	36		クラウン
5	30		クラウン
4	24		クラウン
3	18		クラウン
2	12		クラウン
1	6		クラウン
作り目	わ		

クラウン
19cm=40段

59cm=96目

ブリム
6cm=12段

マチ付きペンケース [P.55]

〔糸〕DARUMA リネンラミーコットン 並太 スカーレット(8)15g、
　　　シトラスイエロー(12)20g
〔針〕かぎ針8/0号、とじ針、縫い針
〔その他〕ファスナー(赤 20cm 1本)、手縫い糸(赤)、ファスナーチャーム(1個)
〔ゲージ〕細編み21目＝10cm、5段＝2.5cm
〔仕上がりサイズ〕図参照

〔作り方〕
1本取りで編む。
1.くさり編み26目の作り目に細編み54目を編み入れる。編み図のとおり19段
　目まで編む。
2.ファスナー取り付け位置を参照し、縫い針で縫い付ける。
3.ファスナーチャームを付ける。

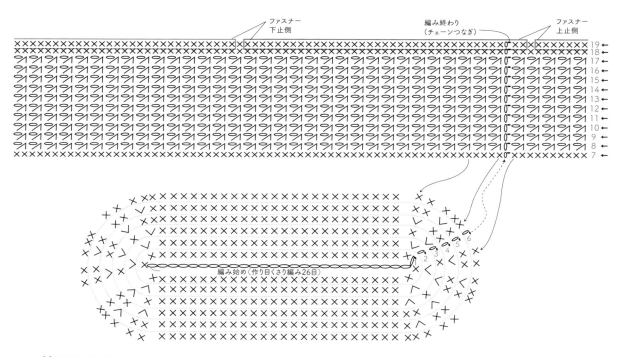

∨ = 細編み2目編み入れる

⁄ = 細編み2目一度

▢ ファスナー取り付け位置

⟶ 矢印の先に編み入れる

----> 矢印の先を続けて編む

← 編む方向

目数・配色表

段	目数	増減	配色
18、19	78		スカーレット
8〜17	78	増減なし	シトラスイエロー
6、7	78		
5	78		スカーレット
4	72	+6目	
3	66		
2	60		
1	54		
作り目	くさり編み26目		

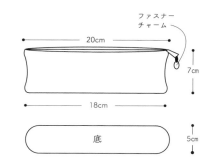

正方形から作るグラニーバッグ [P.48]

〔糸〕 ハマナカ ラプックス《マルチカラー》
青×茶(504)220g
〔針〕 かぎ針7/0号、とじ針
〔その他〕 合皮持ち手(ゴールド 48cm 2本)
〔ゲージ〕 細編み20目20段=10cm
〔仕上がりサイズ〕 図参照

〔作り方〕
1本取りで編む。
1. 本体を編む。わの作り目に細編み8目を編み入れる。編み図のとおり76段目まで編む。
2. タックを作る。〈組み立て方〉(P.94)を参照し、縁編みでタックを作る。
3. 持ち手を持ち手取り付け位置(P.94)に縫い付ける。

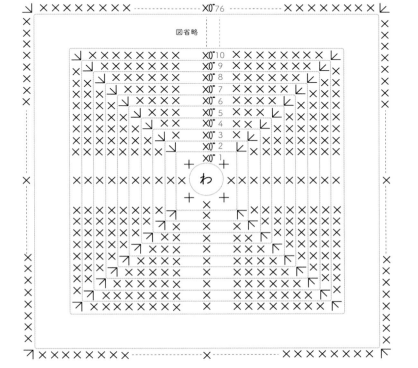

図省略

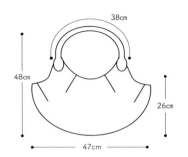

38cm
48cm
47cm
26cm

↓∨ = ⟨⟩ 細編み3目編み入れる

目数表

段	目数	増減
19	152	
18	144	
17	136	
16	128	
15	120	
14	112	
13	104	
12	96	
11	88	+8目
10	80	
9	72	
8	64	
7	56	
6	48	
5	40	
4	32	
3	24	
2	16	
1	8	
作り目	わ	

段	目数	増減
38	304	
37	296	
36	288	
35	280	
34	272	
33	264	
32	256	
31	248	
30	240	+8目
29	232	
28	224	
27	216	
26	208	
25	200	
24	192	
23	184	
22	176	
21	168	
20	160	

段	目数	増減
57	456	
56	448	
55	440	
54	432	
53	424	
52	416	
51	408	
50	400	
49	392	+8目
48	384	
47	376	
46	368	
45	360	
44	352	
43	344	
42	336	
41	328	
40	320	
39	312	

段	目数	増減
76	608	
75	600	
74	592	
73	584	
72	576	
71	568	
70	560	
69	552	
68	544	+8目
67	536	
66	528	
65	520	
64	512	
63	504	
62	496	
61	488	
60	480	
59	472	
58	464	

● 組み立て方

① 本体を1枚編む。

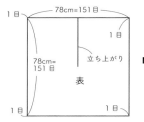

1目
78cm=151目
1目
78cm=151目
立ち上がり
表
1目
1目

② タック部分を図のように
重ね合わせ一緒にとじる。

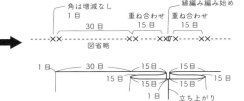

角は増減なし
1目
重ね合わせ
15目
縁編み編み始め
重ね合わせ
15目
30目
××　××　××××　　××
図省略
1目　30目　　15目　　15目
15目　15目
15目　15目　15目
1目　　立ち上がり

③ 4辺に縁編みでタックを作り、編み地と
同じ糸で角に持ち手を縫い付ける。

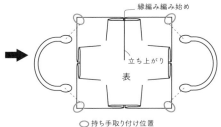

縁編み編み始め
立ち上がり
表
○ 持ち手取り付け位置

猫耳ニット帽子 [P.58]

[糸] A：ハマナカ アランツィード ベージュ(2)35g、紺(16)60g
　　 B：ハマナカ ルナモール 白(11)75g、カミーナ タム 茶(205)15g
[針] かぎ針8/0号、とじ針
[ゲージ] A：模様編み13目18段＝10cm、B：模様編み13目17段＝10cm
[仕上がりサイズ] 図参照

[作り方]
カミーナ タムは2本取り、その他は1本取りで編む。
1. くさり編み8目の作り目に細編み8目を編み入れ、うね編みで70段編む。
　 編み図と〈編み方の流れ〉を参照し、模様編みで30段目まで編む。
2. 頭頂部を合わせ、細編みではぐ。

● 編み方の流れ

① 作り目のくさり編みを8目編み、
　 うね編みを70段まで編んだら
　 編み地を外表に合わせ
　 すじ編みではぎ、輪にする。

② うね編みの側面に細編み70目
　 編み入れ、模様編みを30段編む。

③ 30段目の編み地を外表に合わせ
　 細編み35目でとじる。

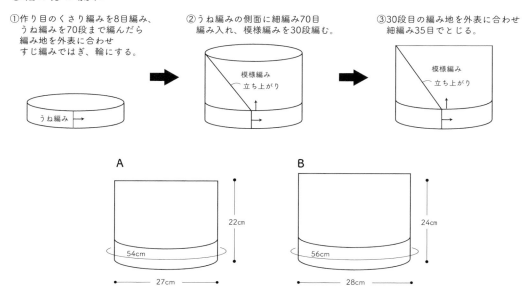

うね編み

模様編み
立ち上がり

模様編み
立ち上がり

A
22cm
54cm
27cm

B
24cm
56cm
28cm

94

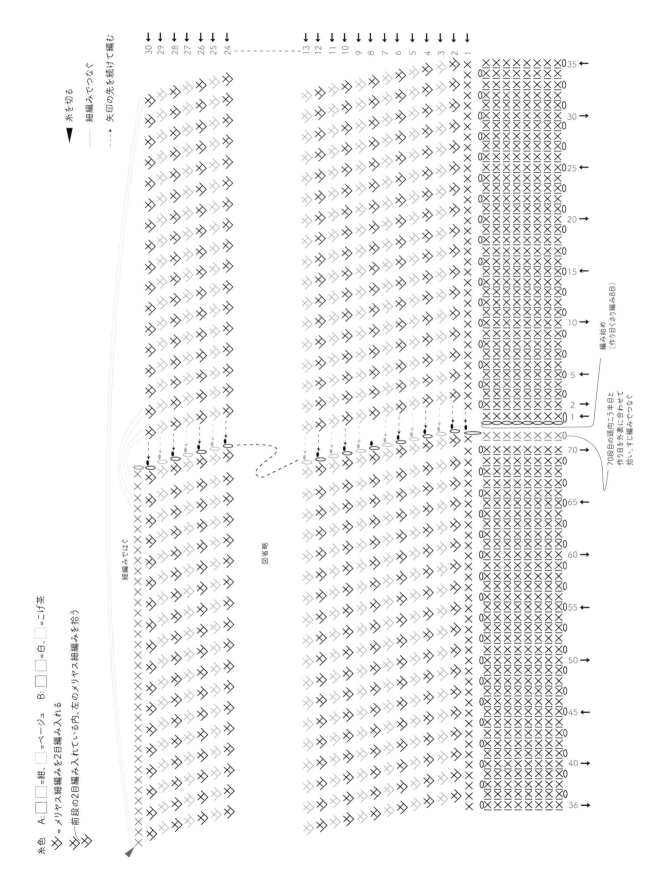

糸色　A: ▢▢=紺、▢=ベージュ　B: ▢=白、▢=こげ茶

廿 = メリヤス細編みを2目編み入れる

廿 = 前段の2目編み入れている内、左のメリヤス細編みを拾う
廿

細編みではぐ

図省略

30 29 28 27 26 25 24 ---- 13 12 11 10 9 8 7 6 5 4 3 2 1

矢印の先を続けて編む
細編みでつなぐ
糸を切る

編み始め
（作り目〈さり編み8目〉）

70段目の頭向こう半目と
作り目を外表に合わせて
拾い、すじ編みでつなぐ

35
30
25
20
15
10
5
2
1
0
70
65
60
55
50
45
40
36

95

モチーフ３枚をつなげるスマホショルダー [P.60]

〔糸〕ハマナカ ブリリアン シルバー(3)35g、黒(15)40g
〔針〕かぎ針6/0号、とじ針
〔ゲージ〕モチーフの大きさ横10cm×縦11.5cm
〔仕上がりサイズ〕図参照

〔作り方〕
2本取りで編む。

1. モチーフを編む。わの作り目に細編み6目を編み入れ、編み図の
   とおり12段目まで編む。これを3枚編む。
2. モチーフをつなぐ。〈モチーフのつなぎ方と肩紐編み図〉と図Aを
   参照し、細編みでつなぐ。
3. 肩紐を編む。〈モチーフのつなぎ方と肩紐編み図〉を参照し、編
   み図のとおり2本編む。肩紐を結んで長さを調整する。

〈モチーフ編み図〉×3枚

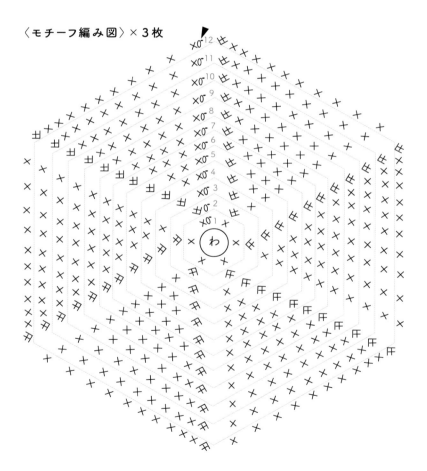

目数・配色表

段	目数	増減	配色
12	72		黒
11	66		
10	60		
9	54		
8	48		
7	42	+6目	シルバー
6	36		
5	30		
4	24		
3	18		
2	12		
1	6		
作り目	わ		

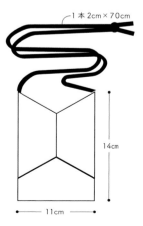

1本 2cm×70cm

14cm

11cm

〈モチーフのつなぎ方と肩紐編み図〉×肩紐2本

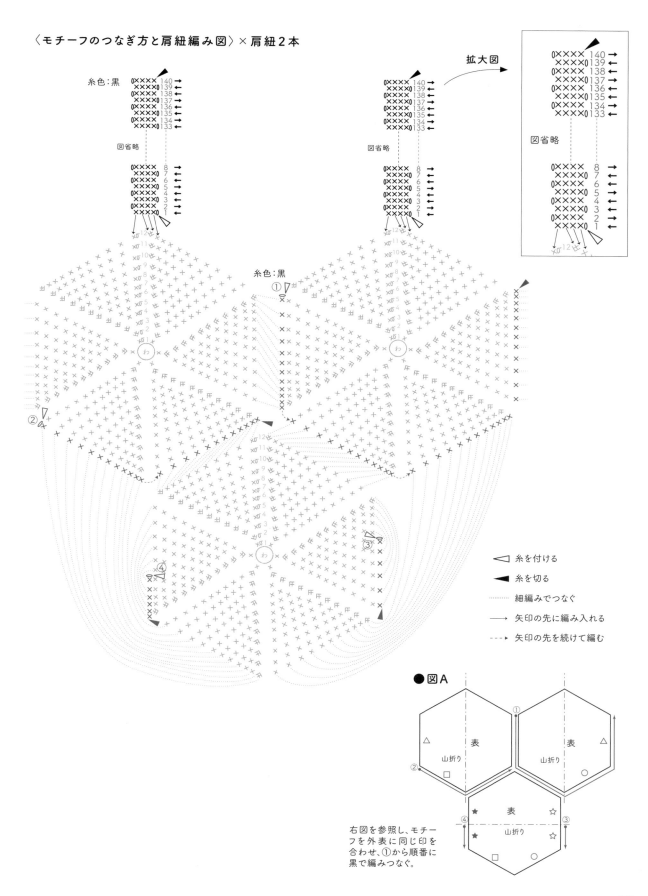

拡大図

糸色：黒

図省略

糸色：黒

①

②

③

④

◁ 糸を付ける

◀ 糸を切る

…… 細編みでつなぐ

→ 矢印の先に編み入れる

---- 矢印の先を続けて編む

●図A

表
山折り

表
山折り

△　□　○　△

★　表　☆
★　山折り　☆
□　○

右図を参照し、モチーフを外表に同じ印を合わせ、①から順番に黒で編みつなぐ。

蓋付きおうち型小物入れ [P.62]

〔糸〕A：ハマナカ アメリー マスタードイエロー(3)35g、
　　　　クリムゾンレッド(5)25g、ヴァージニアブルーベル(46)2g
　　　B：ハマナカ アメリー マスタードイエロー(3)35g、
　　　　ヴァージニアブルーベル(46)25g

〔針〕かぎ針7/0号、とじ針

〔ゲージ〕細編み13目16段＝10cm

〔仕上がりサイズ〕図参照

〔作り方〕
2本取りで編む。
1. 本体を編む。わの作り目に細編み6目を編み入れ、編み図のとおり18段目まで編む。ドア刺しゅう位置にドアの刺しゅうをする。
2. 窓を編む。各2枚編み、窓取り付け位置に縫い付ける。
3. 屋根を編む。わの作り目に細編み6目編み入れ、編み図のとおり13段目まで編む。
4. つまみを作る。〈屋根の作り方〉を参照し、編み図のとおり各1本編み、指定の位置に取り付ける。

〈本体編み図〉

糸色：マスタードイエロー

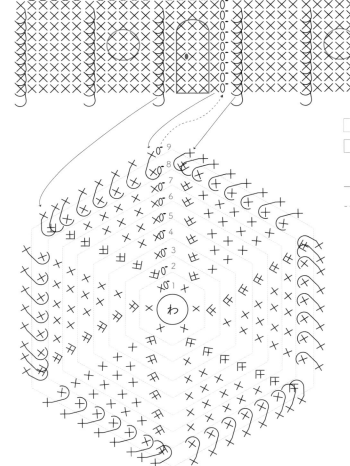

目数表

段	目数	増減
9～18	48	増減なし
8	48	
7	42	
6	36	
5	30	+6目
4	24	
3	18	
2	12	
1	6	
作り目	わ	

☐ 窓取り付け位置

☐ ドア刺しゅう位置
（糸色A：クリムゾンレッド
　　　　B：ヴァージニアブルーベル）

→ 矢印の先に編み入れる　　◀ 糸を切る

--→ 矢印の先を続けて編む　　← 編む方向

〈窓編み図〉A、B各2枚

目数表

段	目数	増減	配色
3	18		マスタードイエロー
2	12	+6目	
1	6		ヴァージニア
作り目	わ		ブルーベル

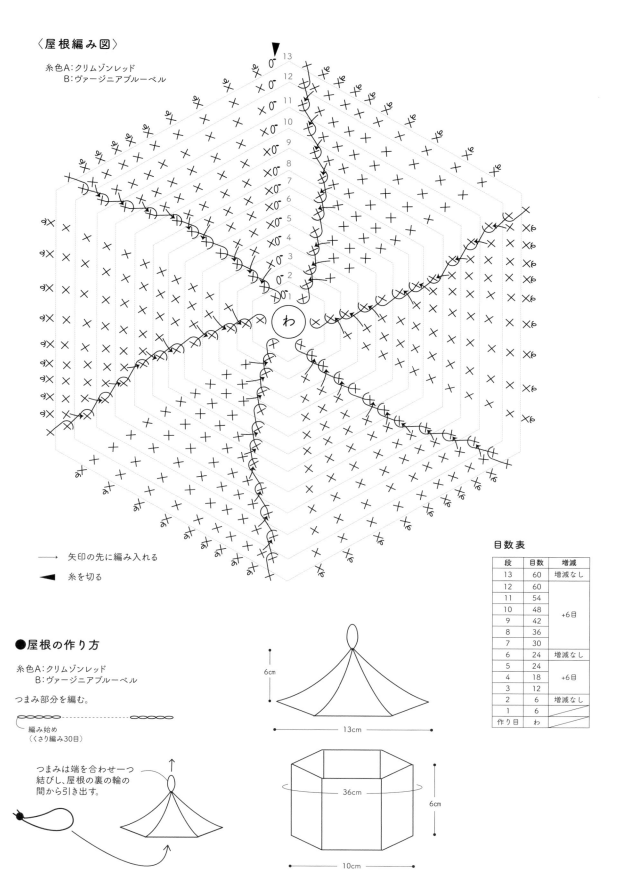

〈屋根編み図〉

糸色A：クリムゾンレッド
　　B：ヴァージニアブルーベル

13
12
11
10
9
8
7
6
5
4
3
2
1

わ

⟶　矢印の先に編み入れる

◀　糸を切る

●屋根の作り方

糸色A：クリムゾンレッド
　　B：ヴァージニアブルーベル

つまみ部分を編む。

編み始め
（くさり編み30目）

つまみは端を合わせ一つ
結びし、屋根の裏の輪の
間から引き出す。

6cm

13cm

36cm

6cm

10cm

目数表

段	目数	増減
13	60	増減なし
12	60	
11	54	+6目
10	48	
9	42	
8	36	
7	30	
6	24	増減なし
5	24	
4	18	+6目
3	12	
2	6	増減なし
1	6	
作り目	わ	

メビウス風スヌード [P.56]

[糸] DARUMA チップスパイラル
ライトグレーベース(2)90g

[針] かぎ針9/0号、とじ針

[ゲージ] 細編み14目15段＝10cm

[仕上がりサイズ] 図参照

[作り方]

1本取りで編む。

くさり編み100目の作り目を輪にし、細編み200目を編み入れる。編み図のとおりメビウスの輪編みで12段目まで編む。

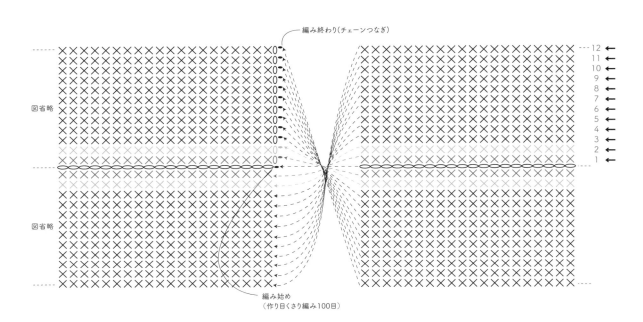

編み終わり(チェーンつなぎ)

図省略

図省略

編み始め
(作り目くさり編み100目)

12 ←
11 ←
10 ←
9 ←
8 ←
7 ←
6 ←
5 ←
4 ←
3 ←
2 ←
1 ←

●編み方の流れ

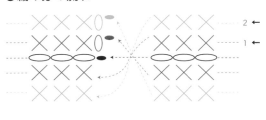

2 ←
1 ←

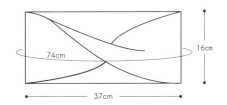

74cm

16cm

37cm

①作り目くさり編み100目編み
　最初の目に引き抜き編みをし、
　輪にする。

②立ち上がりを付け、
　細編み100目編み入れる。

③最初の編み地を
　手前に倒す。

④続けて作り目の反対側を
　拾って細編みを編む。

⑤反対側を100目編んだら、
　倒した立ち上がりのくさり
　編みの頭に引き抜き編みを
　1目編み、1段目が完成。

⑥立ち上がりを付け、
　前段の細編みの頭を
　拾いぐるぐる200目編む。

⑦自然に最初の目に戻って
　くるので2段目1目めに
　引き抜き編みを1目編み、
　2段目を完成させる。

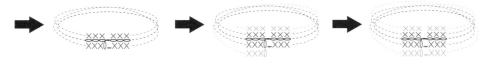

シェブロン柄のネックウォーマー [P.64]

〔糸〕パピー ブリティッシュファイン 水色(74) 20g、黄(73)20g、ピンク(85)10g
パピー ユリカモヘヤ ピンク(315)10g
〔針〕かぎ針6/0号、とじ針
〔ゲージ〕模様編み36目17段＝10cm
〔仕上がりサイズ〕図参照

〔作り方〕
1本取りで編む。
くさり編み57目の作り目に、細編み57目を編み入れ、編み図のとおりに模様編みで91段目まで編む。外表に合わせてすじ編みで編みつなぐ。

*糸変えは糸を渡さず段の終わりで切り、新しく糸を付ける。

編み始め（作り目くさり編み57目）

つなぎ始め
編み地を外表に合わせ、91段目の向こう半目と作り目を拾いすじ編みでつなぐ

図省略

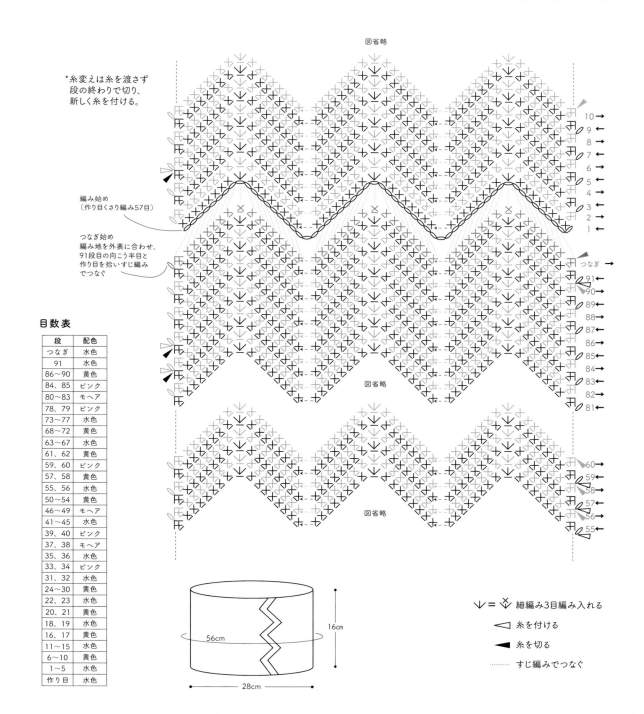

目数表

段	配色
つなぎ	水色
91	水色
86〜90	黄色
84、85	ピンク
80〜83	モヘア
78、79	ピンク
73〜77	水色
68〜72	黄色
63〜67	水色
61、62	黄色
59、60	ピンク
57、58	黄色
55、56	水色
50〜54	黄色
46〜49	モヘア
41〜45	水色
39、40	ピンク
37、38	モヘア
35、36	水色
33、34	ピンク
31、32	水色
24〜30	黄色
22、23	水色
20、21	黄色
18、19	水色
16、17	黄色
11〜15	水色
6〜10	黄色
1〜5	水色
作り目	水色

56cm
16cm
28cm

↓＝ 細編み3目編み入れる
◁ 糸を付ける
◀ 糸を切る
……… すじ編みでつなぐ

ビルムバッグ [P.66]

〔糸〕リッチモア パーセント ピンク(72)30g、紺(46)30g、緑(107)25g、
黄(101)20g、黒(90)30g、朱色(117)15g

〔針〕かぎ針7/0号、5/0号、とじ針

〔ゲージ〕細編みのすじ編み21目15段＝10cm

〔仕上がりサイズ〕図参照

〔作り方〕

1本取りで編む。

1. 本体を編む。くさり編み128目の作り目をわにし、細編み128目を編み入れる。編み図のとおり細編みのすじ編みで34段目まで編む。天地に返し、大きい細編みで底をとじる。

2. 持ち手を編む。編み図のとおり編み、縁編みをする。

3. 本体編み図の持ち手取り付け位置を参照し、持ち手を指定の位置に縫い付ける。

〈持ち手編み図〉×1枚

くさり編み5目の作り目に細編み5目を
編み入れ、配色表を参照し236段目まで
編む。①、②の順に縁編みをする。

かぎ針：5/0号

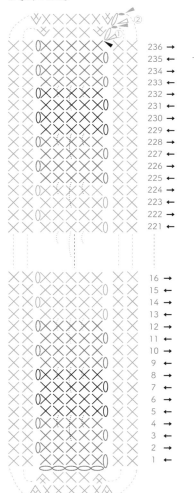

◁ 糸を付ける

◀ 糸を切る

- - -▸ 矢印の先を続けて編む

✕ 指定位置に編む
細編み

目数・配色表

段	配色	段	配色
117~120	黒	縁②	ピンク
113~116	緑	縁①	黄色
109~112	ピンク	233~236	緑
105~108	緑	229~232	緑
101~104	黒	225~228	緑
97~100	緑	221~224	ピンク
93~96	ピンク	217~220	緑
89~92	緑	213~216	黒
85~88	黒	209~212	緑
81~84	緑	205~208	ピンク
77~80	ピンク	201~204	緑
73~76	緑	197~200	黒
69~72	黒	193~196	緑
65~68	緑	189~192	ピンク
61~64	ピンク	185~188	緑
57~60	緑	181~184	黒
53~56	黒	177~180	緑
49~52	緑	173~176	ピンク
45~48	ピンク	169~172	緑
41~44	緑	165~168	黒
37~40	黒	161~164	緑
33~36	緑	157~160	ピンク
29~32	ピンク	153~156	緑
25~28	緑	149~152	黒
21~24	黒	145~148	緑
17~20	緑	141~144	ピンク
13~16	ピンク	137~140	緑
9~12	緑	133~136	黒
5~8	黒	129~132	緑
1~4	緑	125~128	ピンク
作り目	緑	121~124	緑

〈本体編み図〉

かぎ針：7/0号

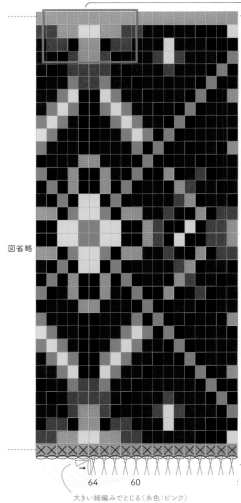

図省略

大きい細編みでとじる（糸色：ピンク）

64 60

●編み方の流れ

①くさり編み128目の作り目を編み、
最初のくさり編みの目に引き抜きわにする。
使用色全てを編みくるみながらすじ編みで
34段目まで編み込み模様を編む。

②編み地を天地に返し、1目め～64目め、
65目め～128目めを外表に合わせ作り目を
編みくるみながら1段目のすじ目の上を
拾い細編みでとじる。

③持ち手取り付け
位置に持ち手を
ピンク糸で
縫い付ける。

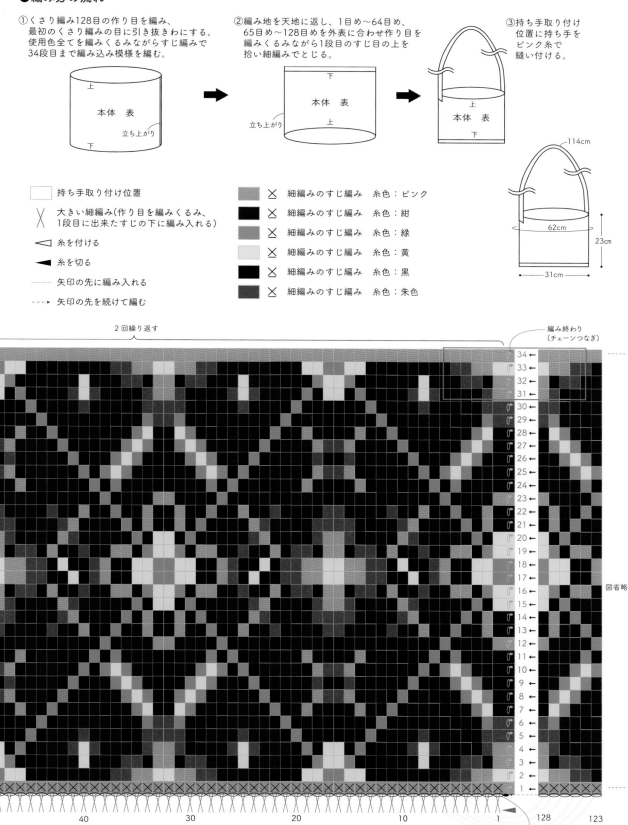

持ち手取り付け位置

✕ 大きい細編み(作り目を編みくるみ、
1段目に出来たすじの下に編み入れる)

▷ 糸を付ける

◀ 糸を切る

……… 矢印の先に編み入れる

- - -▶ 矢印の先を続けて編む

✕ 細編みのすじ編み　糸色：ピンク
✕ 細編みのすじ編み　糸色：紺
✕ 細編みのすじ編み　糸色：緑
✕ 細編みのすじ編み　糸色：黄
✕ 細編みのすじ編み　糸色：黒
✕ 細編みのすじ編み　糸色：朱色

裏引き上げ編みのマフラー [P.68]

[糸] ハマナカ アメリー エフ《ラメ》水色(606)30g、ベージュ(602)15g、
　　黄(605)15g、ピンク(603)25g、緑(607)15g
[針] かぎ針 5/0号、とじ針
[ゲージ] 模様編み30目28段＝10cm
[仕上がりサイズ] 図参照

[作り方]
1本取りで編む。
1.くさり編み305目の作り目を編む。
2.編み図のとおり一方通行で42段目まで編む。

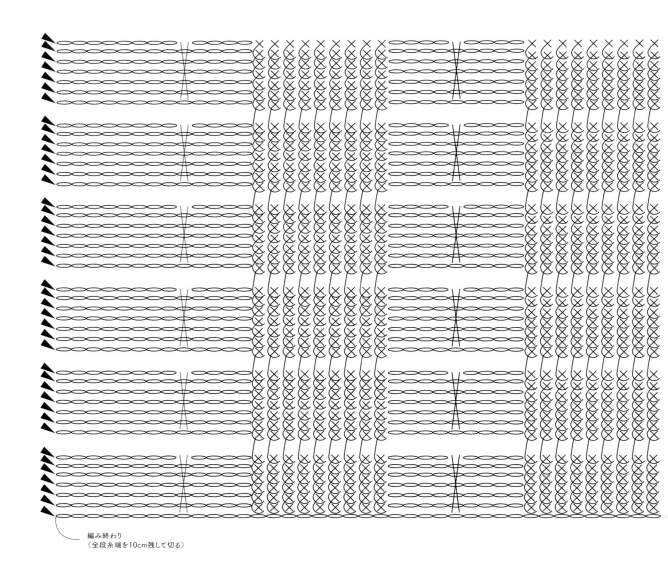

編み終わり
（全段糸端を10cm残して切る）

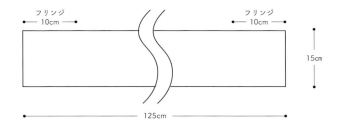

フリンジ　10cm　　　　　　　　　　　　フリンジ　10cm

15cm

125cm

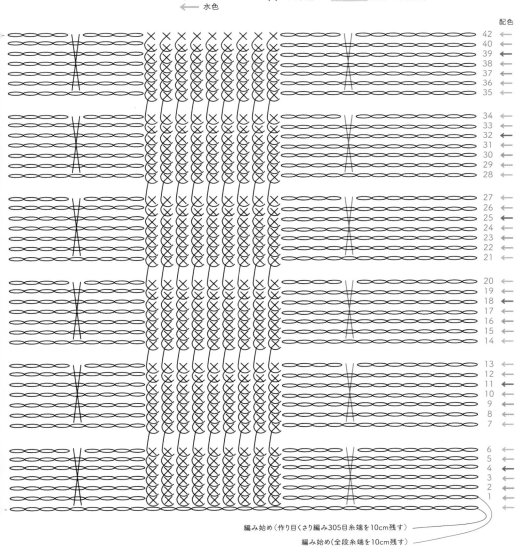

配色

42 ←
40 ←
39 ←
38 ←
37 ←
36 ←
35 ←

34 ←
33 ←
32 ←
31 ←
30 ←
29 ←
28 ←

27 ←
26 ←
25 ←
24 ←
23 ←
22 ←
21 ←

20 ←
19 ←
18 ←
17 ←
16 ←
15 ←
14 ←

13 ←
12 ←
11 ←
10 ←
9 ←
8 ←
7 ←

6 ←
5 ←
4 ←
3 ←
2 ←
1 ←

編み始め（作り目くさり編み305目糸端を10cm残す）

編み始め（全段糸端を10cm残す）

105

ふわふわリングのマーガレットボレロ [P.72]

〔糸〕ハマナカ モヘア 紫(100)175g
　　　ハマナカ アメリー
　　　チャイナブルー(29)50g
〔針〕かぎ針7/0号、8/0号、とじ針
〔ゲージ〕リング細編み目12.5目19段＝10cm
〔仕上がりサイズ〕図参照

〔作り方〕
1本取りで編む。
1. 本体を編む。くさり編み150目の作り目に細編み150目を編み入れる。増減なしの模様編みで76段目まで編む。
2. 袖、襟を編む。編み図のとおり編み、それぞれ作り目と中表に合わせ細編みでとじる。
3. 〈組み立て方〉を参照し、組み立てる。

●組み立て方

1.編み図を参照し各パーツを編む。

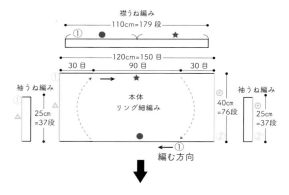

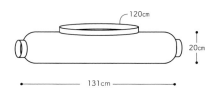

2.各パーツを中表に合わせ、それぞれ編み図の①〜⑤を細編みでとじる。

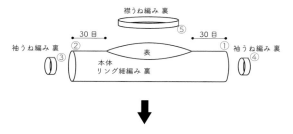

〈本体編み図〉

糸色：紫
かぎ針：8/0号

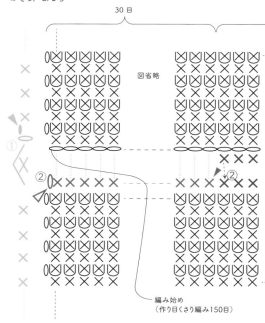

3.本体と襟を中表に合わせ合印を細編み180目でとじる。
　本体と袖を中表に合わせ、合印を細編み38目でとじる。

糸色：チャイナブルー
かぎ針：7/0号

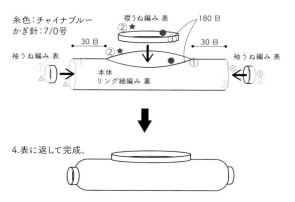

4.表に返して完成。

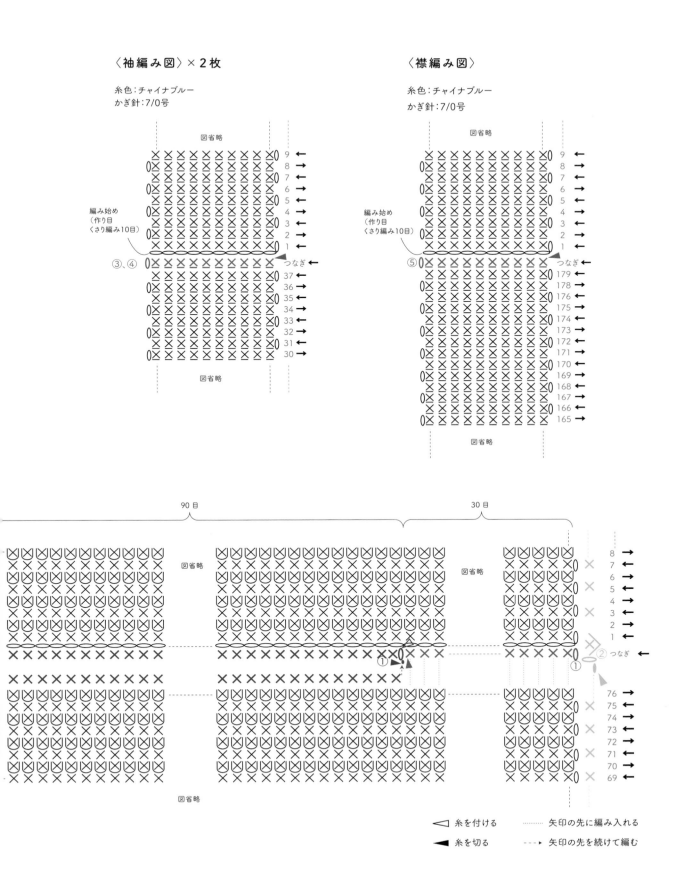

〈袖編み図〉×2枚

糸色：チャイナブルー
かぎ針：7/0号

〈襟編み図〉

糸色：チャイナブルー
かぎ針：7/0号

図省略

編み始め
（作り目
くさり編み10目）

つなぎ

③、④

図省略

90目

30目

図省略

図省略

つなぎ

図省略

 糸を付ける　　　…………… 矢印の先に編み入れる

◀ 糸を切る　　　---▸ 矢印の先を続けて編む

三角モチーフのバッグ [P.74]

〔糸〕ハマナカ itoa あみぐるみが編みたくなる糸 グレー(317)30g、
　　ピンク(304)10g、紫(323)10g、薄黄(321)20g、
　　ベージュ(319)10g、オレンジ(308)10g
〔針〕かぎ針4/0号、とじ針
〔ゲージ〕角モチーフの大きさ横3.5cm×縦3.5cm
〔仕上がりサイズ〕図参照

〔作り方〕
1本取りで編む。

1. 三角モチーフを編む。くさり編み8目の
　作り目に細編み8目を編み入れ、8段目
　まで各色28枚ずつ編む。

2. モチーフをつなぐ。〈三角モチーフのつ
　なぎ方〉を参照し、細編みでつなぎ、六
　角モチーフを7枚作る。

3. 持ち手を作る。

4. 組み立てる。〈六角モチーフの組み立
　て方〉を参照し、組み立てる。持ち手取
　り付け位置に持ち手を縫い付ける。

〈三角モチーフ編み図〉

糸色:グレー、ピンク、紫、
薄黄、ベージュ、オレンジ、各28枚

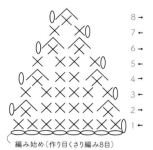

編み始め(作り目くさり編み8目)

● 六角モチーフの配色図

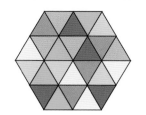

● 三角モチーフのつなぎ方

六角モチーフの配色図を参照して
三角モチーフを配色し、
中表に合わせ①から順番につなぎ、
六角モチーフを7枚作る。

糸色:グレー

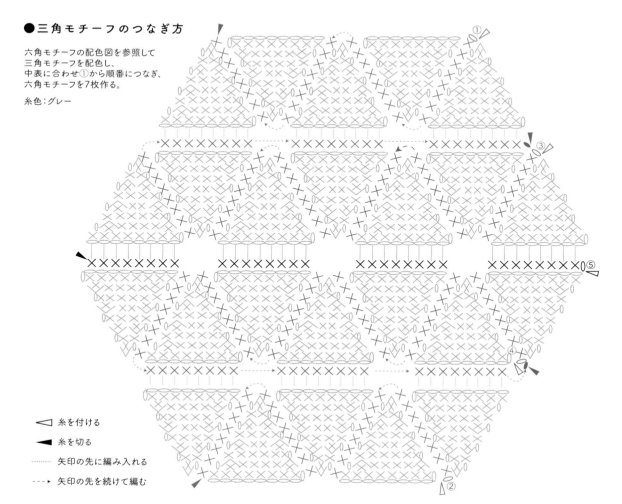

◁— 糸を付ける

◀— 糸を切る

········· 矢印の先に編み入れる

---▸ 矢印の先を続けて編む

108

●六角モチーフの組み立て方

1.六角モチーフを中表に合わせ①から順番に1辺16目ずつ合印を
　細編みでつなぐ。

2.本体を表に返して入れ口を1辺16目で縁編みし、持ち手を縫い付ける。

つなぎ糸色：グレー

縁編み糸色：薄黄

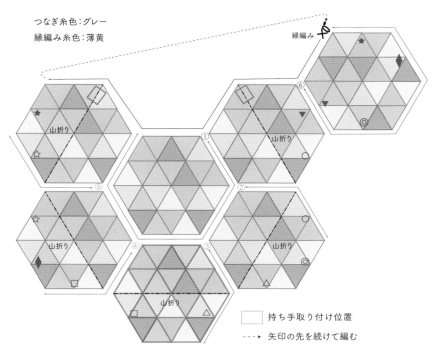

□ 持ち手取り付け位置

---→ 矢印の先を続けて編む

〈持ち手編み図〉×1枚

糸色：薄黄

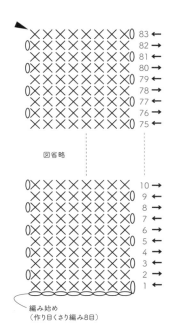

図省略

編み始め
（作り目くさり編み8目）

●持ち手作り方

持ち手の両端を中心に向かって
外表に折りとじ針でとじる。

糸色：薄黄

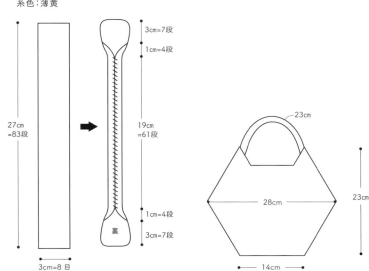

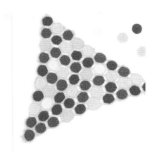

花モチーフの三角ショール [P.76]

[糸] DARUMA ウールモヘヤ スカーレット(12)100g、チェリー(4)95g、
　　　 ベビーピンク(9)70g、レモン(13)30g、きなり(1)20g、アイスグリーン(14)60g
[針] かぎ針9/0号、とじ針
[ゲージ] 花モチーフの大きさ直径10cm
[仕上がりサイズ] 図参照

[作り方]
1本取りで編む。
1. 花モチーフを編む。わの作り目に細編み6目を編み入れ、6段目まで細編みのすじ編みでモチーフベースを編む。続けて〈立体編み図〉のとおり、すじ編み目を拾いながら11段目まで編む。
2. モチーフをつなぐ。〈モチーフのつなぎ方〉を参照し、〈配色・順番表〉の順番で三角形につなぐ。
3. 縁を編む。

〈モチーフベース編み図〉

スカーレット18枚、チェリー17枚、
ベビーピンク12枚、レモン5枚、きなり3枚

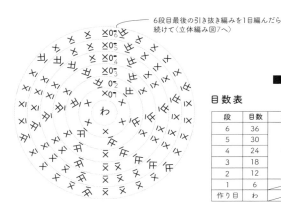

6段目最後の引き抜き編みを1目編んだら
続けて〈立体編み図7へ〉

目数表

段	目数	増減
6	36	
5	30	
4	24	+6目
3	18	
2	12	
1	6	
作り目	わ	

< 立体編み図 >

モチーフベースのすじ編み目を拾い、
中心に向かって編み図のように11段目まで編む。
糸端はわの間から裏に入れ糸処理をする。

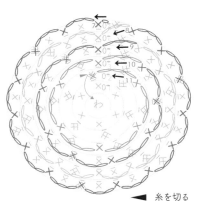

◀ 糸を切る

● 配色・順番表

● スカーレット　　● チェリー　　● ベビーピンク
● レモン　　○ きなり

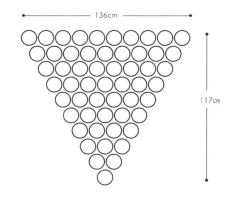

136cm

117cm

● モチーフのつなぎ方

つなぎ糸色：アイスグリーン
縁編み糸色：アイスグリーン

1. 花モチーフを各色指定数編む。
2. モチーフつなぎはベースの6段目を拾う。
   配色・順番表に従い①、②の順に縁を
   編みながらつなぐ。
3. ③縁飾りを一周編む。

▷── 糸を付ける

◀── 糸を切る

←----- 矢印の先の目に
       裏から針を入れて引き抜く

ネコのあみぐるみ [P.70]

〔糸〕リッチモア スペクトルモデム オレンジ(28)40g、水色(14)30g、
　　　ピンク(30)35g、ベージュ(11)20g、こげ茶(39)5g

〔針〕かぎ針8/0号、とじ針

〔その他〕アニマルアイ(キャットアイ18mm イエロー2個)、
　　　　　手芸綿(ハマナカ ネオクリーンわたわた 70g)、手芸用接着剤

〔ゲージ〕クロス細編み14目16段＝10cm

〔仕上がりサイズ〕図参照

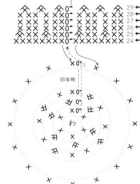

〔作り方〕

1本取りで編む。

1. 各パーツをそれぞれ編み図のとおりにクロス細編みで編む。本体、足、うで、しっぽは編み終わりの糸端を20cm残してカットし、最終段を巻きかがりでしぼる。

2. 〈組み立て方〉(P.114)の1を参照し、各パーツを本体に残した糸端にとじ針をつけ、縫い合わせる。

3. 顔を作る。〈組み立て方〉の2を参照し、アニマルアイを付け、こげ茶の糸2本取りで刺しゅうをする。

〈うで編み図〉×2枚

編み終わり(糸端を20cm残して
カットし、最終段を巻きかがりでしぼる)

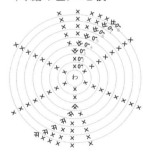

→ 矢印の先に編み入れる
--→ 矢印の先を続けて編む
← 編む方向

目数・配色表

段	目数	増減	配色
29	6	-6目	水色
綿入れ			
27、28	12	増減なし	水色
26	12		ピンク
25	12	-4目	
23、24			水色
21、22			ピンク
19、20			水色
17、18	16	増減なし	ピンク
15、16			水色
13、14			ピンク
8～12			オレンジ
4～7			
3	16	+4目	ベージュ
2	12	+6目	
1	6		
作り目	わ		

〈足編み図〉×2枚

編み終わり(糸端を20cm残して
カットし、最終段を巻きかがりでしぼる)

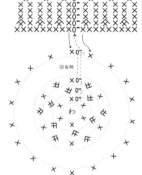

→ 矢印の先に編み入れる
--→ 矢印の先を続けて編む
← 編む方向

目数・配色表

段	目数	増減	配色
27	6	-6目	水色
25、26	12	増減なし	
綿入れ			
24	12	増減なし	ピンク
23	12	-6目	
21、22			水色
19、20			ピンク
17、18	18	増減なし	水色
15、16			ピンク
8～14			オレンジ
4～7			
3	18	+6目	ベージュ
2	12		
1	6		
作り目	わ		

〈耳編み図〉×2枚

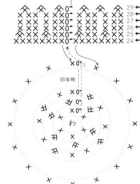

目数・配色表

段	目数	増減	配色
8	18		
7	16		
6	14	+2目	
5	12		オレンジ
4	10		
3	8		
2	6	増減なし	
1	6		
作り目	わ		

〈しっぽ編み図〉

編み終わり(糸端を20cm残して
カットし、そのまま本体に縫い付ける)

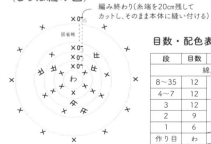

目数・配色表

段	目数	増減	配色
綿入れ			
8～35	12	増減なし	オレンジ
4～7	12		
3	12	+3目	ベージュ
2	9		
1	6		
作り目	わ		

〈マズル編み図〉

目数・配色表

段	目数	増減	配色
5	26	増減なし	
4	26		
3	20	+6目	ベージュ
2	14		
1	8		
作り目	くさり編み3目		

〈本体編み図〉

編み終わり（糸端を20cm残してカットし、最終段を巻きかがりでしぼる）

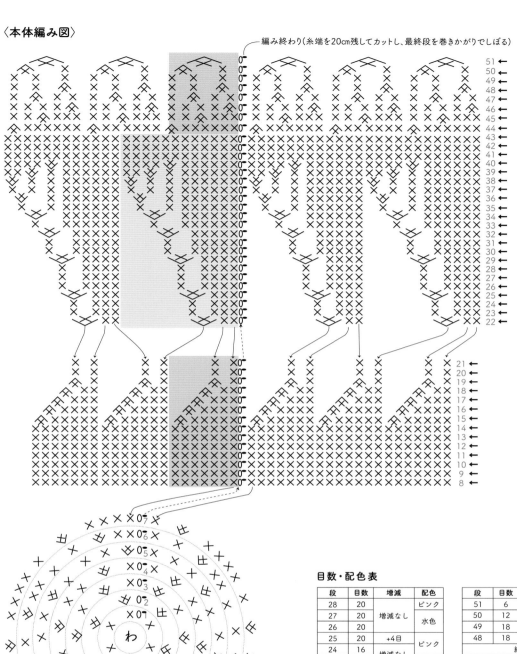

▶	糸を切る		6回繰り返す
→	矢印の先に編み入れる		4回繰り返す
--→	矢印の先を続けて編む	←	編む方向

目数・配色表

段	目数	増減	配色
28	20		ピンク
27	20	増減なし	水色
26	20		
25	20	+4目	ピンク
24	16	増減なし	
23	16		水色
22	16	+4目	
綿入れ			
20、21	12	増減なし	オレンジ
19	12		
18	18	-6目	
17	24		
16	30		
15	36		
8〜14	42	増減なし	
7	42		
6	36		
5	30	+6目	
4	24		
3	18		
2	12		
1	6		
作り目	わ		

段	目数	増減	配色
51	6	-6目	ピンク
50	12		
49	18	増減なし	
48	18	-6目	
綿入れ			
47	24	-6目	水色
46	30		
45	36		ピンク
44	42		
43	48	増減なし	水色
42	48		
41	48		ピンク
40	48		
39	44	+4目	水色
38	40		
37	36	増減なし	ピンク
36	36	+4目	
35	32	増減なし	水色
34	32	+4目	
33	28	増減なし	ピンク
32	28	+4目	
30、31	24	増減なし	水色
29	24	+4目	ピンク

〈マフラー編み図〉
糸色：ピンク

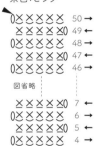

```
◀
○××××   50 →
××××○   49 ←
○××××   48 →
××××○   47 ←
○××××   46 →
図省略
××××○   7 ←
○××××   6 →
××××○   5 ←
○××××   4 →
××××○   3 ←
○××××   2 →
××××○   1 ←
```

✕ 細編みのすじ編み
   （前段の頭くさり
   手前半目を拾う）

◀ 糸を切る

← 編む方向

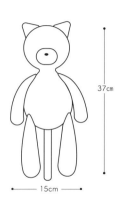

●組み立て方

1.それぞれのパーツを編む。

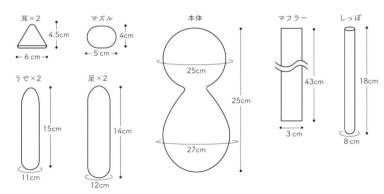

耳×2　4.5cm　←6cm→
マズル　4cm　←5cm→
本体　25cm　25cm　27cm
マフラー　43cm　3cm
しっぽ　18cm　8cm
うで×2　15cm　11cm
足×2　14cm　12cm

2.各パーツを本体に残した糸端にとじ針をつけ、縫い合わせる。

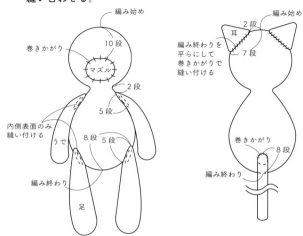

編み始め
巻きかがり
10 段
マズル
2 段
5 段
内側表面のみ縫い付ける
8 段　5 段
編み終わり
うで
足

編み始め
2 段
耳
7 段
編み終わりを平らにして巻きかがりで縫い付ける
巻きかがり
8 段
編み終わり

3. 顔を作る。
糸色：こげ茶　2 本取り

①目の位置に図のように糸を渡し、編み地をへこませてから最初の糸端と結び、糸を切る。

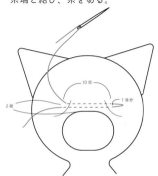

10 目
2 段
1 目分

②編み地をへこませた位置に接着剤を付けたアニマルアイを差し込み、取り付ける。接着剤が乾いたら図のように目のまわりを刺しゅうする。

③鼻と口を図のように刺しゅうする。

糸をマズルの編み地の下から引っ張り上げるように刺しゅうすると猫らしい口元になる

5 目
2 段

37cm
15cm

ビーズのがま口ポーチ [P.78]

A　B

[糸] ハマナカ ウオッシュコットン
　　A：ピンク(8)65g B：水色(26)65g
[針] かぎ針6/0号、とじ針
[その他] 編み付ける口金 H207-021-4
　　（アンティーク 13cm 各1個）、
　　ビーズ
　　（1000個入り ミックスカラー 6mm）
[ゲージ] 細編み25目24段＝10cm
[仕上がりサイズ] 図参照

[作り方]
1本取りで編む。
1. 底を編む。くさり編み4目の作り目に細編み10目を編み入れる。編み図（P.116）のとおり15段目まで編んだら糸を切る。
2. 側面を編む。〈ビーズの編み込み方〉を参照し、ビーズを編み込みながら編み図のとおり43段目まで編む。
3. 口金に編み付ける（P.117参照）。

● ビーズの編み込み方　＊ビーズの色は見やすくするため作品とは異なります。

①ビーズを編み込む手前の段まで編んだら、最終目の1目めに引き抜く手前で、糸を1m程度カットする。

②残糸にビーズ（側面約19段分162個）を通す。
※Aはビーズの順番（P.117）を参照して通す。

③編み地を持ち直し、ビーズを通した糸で矢印のように引き抜き編みをする。

④ビーズが入る手前まで編み図のとおり細編みを編む。

⑤ビーズを1個、ビーズ編み込み位置までたぐり寄せる。

⑥ビーズを手前に置き、編み込む目の右側に寄せる。

⑦ビーズ編み込み位置の前段の細編みの頭くさり2本に針を入れ、糸をかけて矢印のように引き出す。

⑧針に糸をかけ、矢印のように引き抜く。

⑨ビーズが1個編み込めたところ。

⑩細編みを5目編み、2個目のビーズを編み込み位置まで寄せる。

⑪ビーズを手前に置き、編み込む目の右側に寄せる。

⑫6目めに針を入れ、細編みを編む。

⑬6目おきにビーズを編み込む。

編み地と口金の☆を
一緒に28目拾う

編み地と口金の◆を
一緒に24目拾う

2目編み地のみ
拾う

1 2 3 4 5 6 7 8 9 10 11 12 13 14 15

116

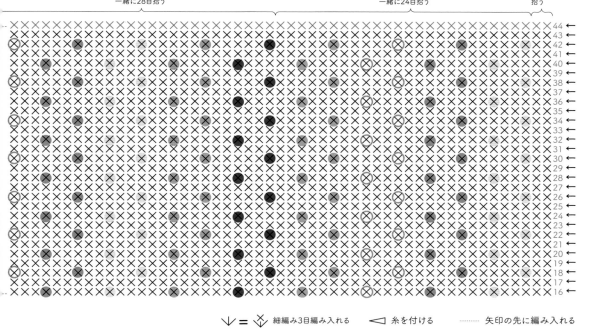

編み地と口金の★を一緒に28目拾う　　編み地と口金の◎を一緒に24目拾う　　2目編み地のみ拾う

44 ←
43 ←
42 ←
41 ←
40 ←
39 ←
38 ←
37 ←
36 ←
35 ←
34 ←
33 ←
32 ←
31 ←
30 ←
29 ←
28 ←
27 ←
26 ←
25 ←
24 ←
23 ←
22 ←
21 ←
20 ←
19 ←
18 ←
17 ←
16 ←

↓↓ = 細編み3目編み入れる　　◁ 糸を付ける　　·········· 矢印の先に編み入れる

● ビーズ編み込み位置　　◀ 糸を切る　　---→ 矢印の先を続けて編む

●ビーズの順番

A:ビーズ252個

○白　●紫　薄桃　●ピンク　●青　●水色
の順に162個（6色27回繰り返す）通す。

B:ビーズ252個

ピンク系（ピンク、薄ピンク、透明、薄紫、薄だいだい、薄緑など）を
ランダムに162個通す。

※ビーズが途中でなくなったら糸玉の反対側から、Aはビーズの順番の逆の順に、Bはランダムに通す。
※糸がなくなったら、新しい糸にビーズの順番どおり残りの90個（6色15回繰り返す）通す。

●口金の拾い位置

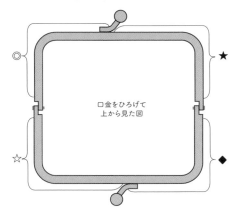

口金をひろげて
上から見た図

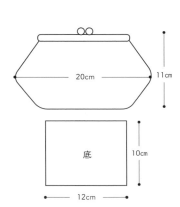

目数表

段	目数	増減
16～44	108	増減なし
15	108	+2目
14	106	増減なし
13	106	
12	98	
11	90	
10	82	
9	74	
8	66	+8目
7	58	
6	50	
5	42	
4	34	
3	26	
2	18	
1	10	
作り目	くさり編み4目	

編み付けショルダーバッグ [P.80]

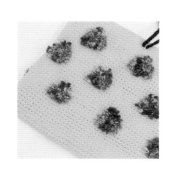

[糸] パピー ヌーボラ 黄(413)80g、黒(405)20g、リベルラ 黄土色(1)30g
[針] かぎ針9/0号、7.5/0号、とじ針
[その他] トグルボタン(黒 5cm 1個)、ウッドリング(黒 内径3cm 1個)
[ゲージ] 細編みのすじ編み16目16段=10cm
[仕上がりサイズ] 図参照

[作り方]
1本取りで編む。
1. 本体を編む。くさり編み40目の作り目に細編み82目を編み入れる。
　 編み図のとおり40段目まで編む。
2. P.120を参照し、飾りの糸を編み付ける。
3. ショルダー紐、ループ、トグルボタン用紐を編み図のとおり編む。
4. ショルダー紐、ウッドリング、ループ、トグルボタンをそれぞれ指定の位
　 置に付ける。

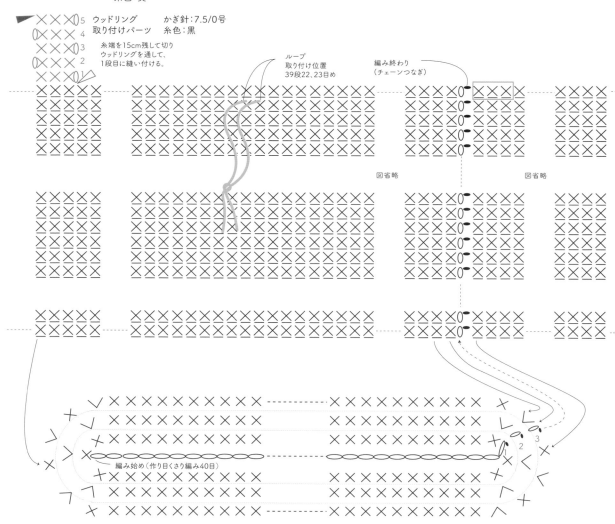

〈本体編み図〉　かぎ針:9/0号
　　　　　　　糸色:黄

ウッドリング
取り付けパーツ

かぎ針:7.5/0号
糸色:黒

糸端を15cm残して切り
ウッドリングを通して、
1段目に縫い付ける。

ループ
取り付け位置
39段22、23目め

編み終わり
(チェーンつなぎ)

図省略

図省略

編み始め(作り目くさり編み40目)

〈ショルダー紐編み図〉

かぎ針:7.5/0号
糸色:黒

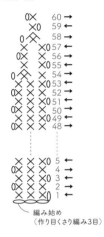

0× 60 →
×0 59 →
0 58 →
×0 57 ←
×0 56 ←
×0 55 ←
0× × 54 →
0× × ×0 53 ←
0× × × 52 ←
× × × ×0 51 ←
0× × × 50 ←
0× × ×0 49 ←
0× × × 48 ←

× × ×0 5 ←
× × × 4 ←
× × ×0 3 ←
× × × 2 ←
× × × 1 ←

編み始め
（作り目くさり編み3目）

〈ループ編み図〉

かぎ針:7.5/0号
糸色:黒

紐を〈本体編み図〉のループ取り付け位置に
本体裏から通し、一つ結びする

編み始め　くさり編み100目

〈トグルボタン用紐編み図〉

かぎ:針7.5/0号
糸色:黒

編み始め　くさり編み20目

紐を図のように通し、
〈本体編み図〉のトグルボタン
取り付け位置を参照し本体に通し
本体の裏で一つ結びする

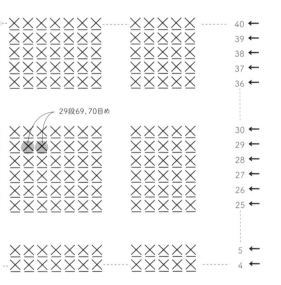

40 ←
39 ←
38 ←
37 ←
36 ←

29段69、70目め

30 ←
29 ←
28 ←
27 ←
26 ←
25 ←

5 ←
4 ←

◁ 糸を付ける

◀ 糸を切る

∨ = ⋈ 細編み2目編み入れる

── 矢印の先に編み入れる

---→ 矢印の先を続けて編む

← 編む方向

▢ ショルダー紐取り付け位置

● トグルボタン取り付け位置

目数表

段	目数	増減
4～40	94	増減なし
3	94	+6目
2	88	
1	82	
作り目	くさり編み40目	

105cm

ショルダー紐は
ウッドリングに
結び長さ調節する

58cm

23cm

119

〈編み付け図〉

かぎ針:7.5/0号
糸色:黄土色

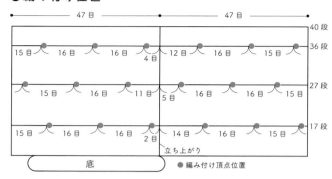

◁ 糸を付ける

●編み付け位置

47目				47目		
						40段
15目	16目	16目	4目	12目	16目	15目
						36段
15目	16目	11目	5目	16目	16目	15目
						27段
15目	16目	16目	2目	14目	16目	15目
						17段

立ち上がり

底

●編み付け頂点位置

●飾りの糸の編み付け方

細編みのすじ編みで出来たすじ目に編み付ける。

①糸を編み付ける位置に、段数マーカーなどで印を付ける。

②印を付けた編み地に針を入れ、編み付ける糸をかけ、矢印のように引き出す。

③さらに糸をかけ矢印のように引き抜き、立ち上がりのくさり編み1目を編む。

④同じすじ編み目に細編みを1目編む。

⑤編み付け図を参考に目を拾い、細編みで編み付けていく。

⑥印の位置まで編んだら印を外す。

⑦三角形に編み付け、1目めの細編みの頭に引き抜き編みを編む。

⑧編み付け図を参考に目を拾い、細編みで編み付けて、三角形の内側を埋めていく。

⑨最後の目でくさり編みを1目編み、糸を10cm程度残し、カットしたらそのまま引き抜く。

⑩針を三角形の端から差し込み、糸端を外側に引き出す。

⑪余分な糸端をカットする。

エスニック風
ルームシューズ [P.71]

[糸] ハマナカ アメリーエル《極太》
金茶(103)100g、
リッチモア パーセント ピンク(72)10g
[針] かぎ針10/0号、5/0号、とじ針
[その他] ハマナカ くるくるボンボン(5.5cm)
H204-570
[ゲージ] チェーン細編み13目15段＝10cm
[仕上がりサイズ] 図参照

[作り方]
1本取りで編む。
1.本体を編む。くさり編み18目の作り目に細
編み38目を編み入れる。編み図のとおり
チェーン細編みで14段目まで編む。
2.つま先をとじる。細編み28目で合印をとじ
合わせる。
3.図Aを参照し、ボンボンを作り、取り付ける。

目数表

段	目数	増減
6～14	62	増減なし
5	62	
4	56	+6目
3	50	
2	44	
1	38	
作り目	くさり編み18目	

●図A

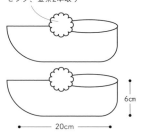

くるくるボンボン5.5cm
（片側60回巻き）
ピンク、金茶2本取り

6cm

20cm

足のサイズ22.5～24cm用
サイズ調整は作り目を増減する。

✕＝チェーン細編み
本体 かぎ針：10/0号 糸色：金茶
細編みつなぎ かぎ針：5/0号 糸色：ピンク

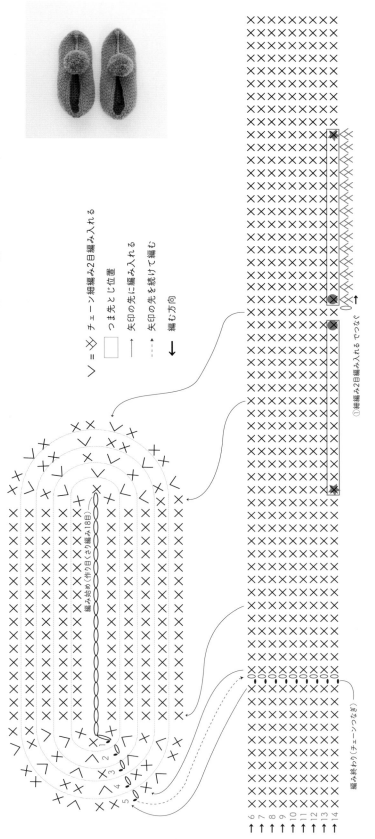

∨＝✕ チェーン細編み
□ つま先とじ位置
→ 矢印の先に編み入れる
→ 矢印の先を続けて編む
↓ 編む方向

①細編み2目編み入れてつなぐ
①細編み2目編み入れる
つま先とじ位置
矢印の先に編み入れる
矢印の先を続けて編む
編む方向

編み始め（作り目くさり編み18目）
編み終わり（チェーンつなぎ）

6 7 8 9 10 11 12 13 14

121

インコ柄の
編み込みバッグ [P.79]

[糸] ハマナカ エコアンダリヤ オフホワイト(168)80g
　　　チェリー(37)60g、黒(30)40g
[針] かぎ針7/0号、とじ針
[その他] レザー底(楕円 ベージュ70穴 H204-618-1 1個)
[ゲージ] メリヤス細編み16目19段=10cm
[仕上がりサイズ] 図参照

[作り方]
1本取りで編む。
1. 本体を編む。レザー底に細編み136目を編み入れる。編
　 み図のとおり48段目までメリヤス細編みで編む。49段目
　 に大きい細編みで縁編みする。
2. 持ち手を編む。くさり編み5目のわの作り目に細編み5目
　 を編み入れ、立ち上がりを付けずに75段目まで編む。こ
　 れを2本作る。
3. 持ち手を持ち手取り付け位置に縫い付ける。

〈本体編み図〉

68　　　　　60　　　　　50

〈持ち手編み図〉×2枚

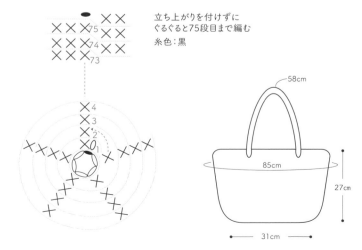

立ち上がりを付けずに
ぐるぐると75段目まで編む
糸色:黒

58cm

85cm

27cm

31cm

⟶　矢印の先に編み入れる

----➤　矢印の先を続けて編む

☐　持ち手取り付け位置

✕　大きい細編み(前段を編みくるみ、
　　前々段に編み入れる)

∨ = ✕✕　細編み2目編み入れる

（灰）✕ メリヤス細編み　糸色:黒

（白）✕ メリヤス細編み　糸色:オフホワイト

（赤）✕ メリヤス細編み　糸色:チェリー

2回繰り返す

編み終わり
（チェーンつなぎ）

49 ←
48 ←
47 ←
46 ←
45 ←
44 ←
43 ←
42 ←
41 ←
40 ←
39 ←
38 ←
37 ←
36 ←
35 ←
34 ←
33 ←
32 ←
31 ←
30 ←
29 ←
28 ←
27 ←
26 ←
25 ←
24 ←
23 ←
22 ←
21 ←
20 ←
19 ←
18 ←
17 ←
16 ←
15 ←
14 ←
13 ←
12 ←
11 ←
10 ←
9 ←
8 ←
7 ←
6 ←
5 ←
4 ←
3 ←
2 ←

図省略

40 30 20 10 1   136 120 110

レザー底（70 穴）

1段目細編み
糸色：チェリー1

123

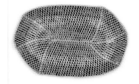

包み編みのミニマット ［P.82］

〔糸〕ハマナカ コマコマ 黄(3)1玉使い切り、
　　ピンク(17)1玉使い切り、
　　ベージュ(2)1玉使い切り+21g
〔針〕かぎ針8/0号、とじ針
〔その他〕つつみ編み専用コード
　　　　（14m巻き 黒)H204-635-2
〔ゲージ〕細編み11目10段＝10cm
〔仕上がりサイズ〕図参照

〔作り方〕
1本取りで編む。
1. 作り目を編む。黄の糸でくさり編み20目の作り目を編む。
2. 写真を参照し、つつみ編み専用コードを編みくるみながら細編み42目を編み入れる。
3. 編み図のとおり立ち上がりを付けず16段目まで編む。糸を使い切ったらピンク、ベージュの順に付け変える。

●つつみ編み専用コードの編みくるみ方

①くさり編みの作り目20目と、立ち上がりのくさり1目を編む。

②くさり編みと糸の間につつみ編み専用コード（以下コード）を挟むように持つ。

③1目めのくさり半目と裏山に針を入れる。

④コードの下から針に糸をかける。

⑤糸を引き出す。

⑥針に糸をかけ、矢印のように引き抜く。

⑦細編みの包み編みが1目編めたところ。

⑧同様にコードを包みながら細編みを編む。

⑨19目まで編んだら、20目に細編みを3目編み入れる。

⑩コードを曲げ、編み地とコードの間に編み始めの糸端を挟んで持つ。

⑪糸端とコードを編みくるみつつ、矢印の目を拾いながら細編みを編む。

⑫作り目の1目めまで編み進める。

⑬最終目は2目編み入れる（最初の目と合わせて合計3目入る）。

⑭コードの端を裏側に折りたたむ。

⑮立ち上がりを付けずに、1段目1目めの細編みの頭くさり2本を拾い、細編み2目を編み入れる。

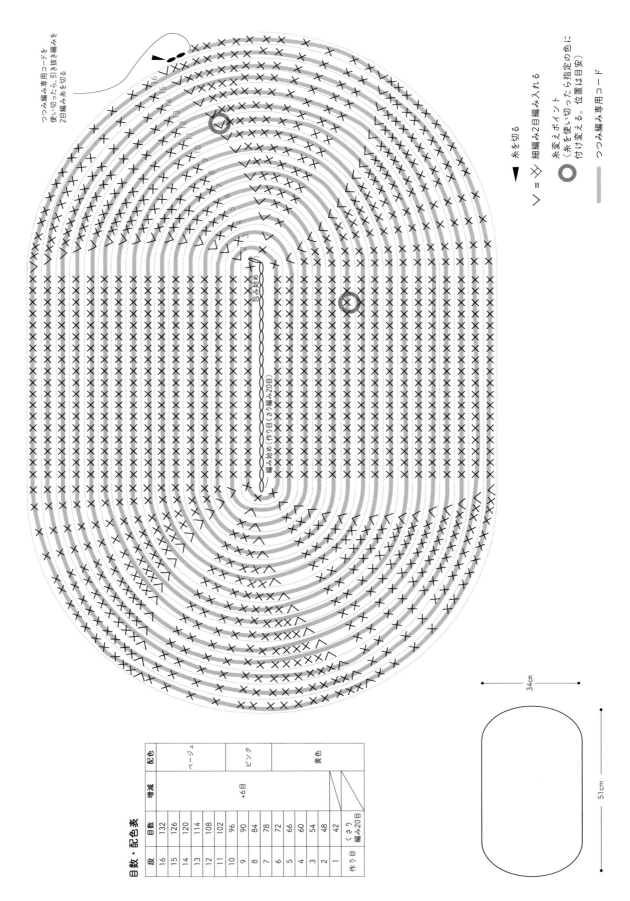

凡例:
- ▼ = 糸を切る
- V = ✕ 細編み2目編み入れる
- ○ = 糸変えポイント（糸を使い切ったら指定の色に付け変える。位置は目安）
- つつみ編み専用コード

つつみ編み専用コードを使い切ったら、引き抜き編みを2目編み、編み糸を切る

編み始め
編み始め（作り目くさり編み20目）

34cm
51cm

目数・配色表

段	目数	増減	配色
16	132		ベージュ
15	126		ベージュ
14	120		ベージュ
13	114		ベージュ
12	108		ベージュ
11	102		ベージュ
10	96	+6目	ピンク
9	90		ピンク
8	84		ピンク
7	78		黄色
6	72		黄色
5	66		黄色
4	60		黄色
3	54		黄色
2	48		黄色
1	42		黄色
作り目	くさり編み20目		黄色

編み目記号表

くさり編み

かぎ針に糸を巻き付け、糸をかけ引き抜く。

引き抜き編み

前段の目にかぎ針を入れ、糸をかけ引き抜く。

 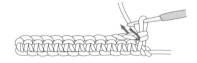  

細編み

立ち上がりのくさり1目は目数に入れず、上半目に針を入れ、糸を引き出し、糸をかけ2ループを引き抜く。

立ち上がり1目　　上半目に針を入れる。　　　　　　　　　　　※裏山を拾う場合はP.8参照

細編み2目一度

1目めに針を入れ糸をかけて引き出し、次の目も引き出し、3ループを一度に引き抜く。

 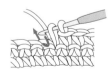 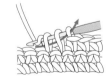 

1目減

細編み2目編み入れる

同じ目に細編み2目を編み入れる。

 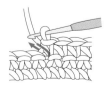 

 ## 細編み3目編み入れる

同じ目に細編み3目を編み入れる。

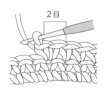

2目　　　　　　　　　1目増

バック細編み

編み地の向きはそのままで、左から右へ細編みを編み進める。

細編みの表引き上げ編み

前段の目の足を手前からすくい、細編みを編む。

 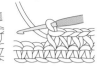

細編みの裏引き上げ編み

前段の目の足を裏からすくい、細編みを編む。

ねじり細編み

針を入れ糸を引き出し、針先を矢印の方向に回転させ、針に糸をかけ引き抜く。

    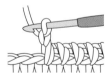

すじ編み（うね編み）

前段の目の向こう側半目に針を入れ、細編みを編む。

リング細編み

左手の中指で糸を下げたまま細編みを編む。裏側にリングができる。

   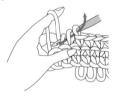 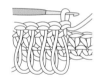

小鳥山いん子
クロシェッター兼イラストレーター

名前の由来は、無類のインコ好きであることから。母の趣味の編み物に影響を受け、自己流でかぎ針編みを覚える。日用品や身につける物を中心に、日々研究制作中。著書に『どうぶつのバッグ』（日本文芸社刊）、『手のりインコのあみぐるみ』（誠文堂新光社刊）、『大人ディズニー 素敵な塗り絵レッスンブック』（MdN コーポレーション刊）などがある。

編集	武智美恵	素材提供	株式会社ダイドーフォワード パピー http://www.puppyarn.com/shop/ TEL 03-3257-7135
デザイン	黒羽拓明 城島希美		
撮影	サカモトタカシ 天野憲仁		ハマナカ株式会社（ハマナカ・リッチモア） http://www.hamanaka.co.jp TEL 075 - 463 - 5151（代）
編集協力	武内マリ		
校正	ミドリノクマ		横田株式会社 DARUMA http://www.daruma-ito.co.jp/ TEL 06-6251-2183（代）
イラスト	小鳥山いん子		
制作協力	武内みち子		
ヘアメイク	福留絵里		
モデル	浮田恵梨子（SHREW）		

細編み パターンワークブック
（こまあ）

2023 年 12 月 10 日　第 1 刷発行

著　者	小鳥山いん子（ことりやまいんこ）
発行者	吉田芳史
印刷所	図書印刷株式会社
製　本	図書印刷株式会社
発行所	株式会社 日本文芸社 〒 100-0003 東京都千代田区一ツ橋 1-1-1 パレスサイドビル 8F TEL 03-5224-6460（代表）

Printed in Japan 112231124-112231124 Ⓝ01(201112)
ISBN978-4-537-22155-8
URL https://www.nihonbungeisha.co.jp/
© INKO KOTORIYAMA 2023
（編集担当 牧野）

内容に関するお問い合わせは小社ウェブサイト お問い合わせフォームまでお願いいたします。
ウェブサイト
https://www.nihonbungeisha.co.jp/